マイナビ新書

声を変えるだけで仕事がうまくいく

秋竹朋子

マイナビ新書

はじめに

声が変わると仕事がうまくいきます。

私はたくさんのビジネスパーソンが声を変え、仕事で成功するのを見てきました。

たとえば大手会計事務所に勤務する公認会計士の寺田さん（仮名・33歳）。キャリア10年。仕事ぶりが評価され、マネージャー昇格試験を受けることになった、とボイストレーニングスクールに駆け込んできました。

「マネージャー昇格試験とボイトレ？」

ピンとこないかもしれませんが、これが大ありなのです。昇格試験では大勢の役員の前でプレゼンをしなければならないとのこと。寺田さんは言いました。

「自分はほかのマネージャー候補に仕事の面でも、プレゼン内容でも引けは取らない。あとはこの声だけが問題なんです」

聞けば確かにこもった声でよく通りません。プレゼンの成否を分けるのは説得力です。この声のままでは役員の心どころかその聴覚にも思いが届かないかもしれません。よく通る声のライバルがいたら、どうしても「聞き劣り」してしまいそうです。

寺田さんの場合、問題はその呼吸法にありました。発声法が間違っていて、口先だけで話していたのです。本番が近い上、仕事も忙しいとのこと。レッスンを受けられるのは2日間、計3時間のみとのことでした。

寺田さんにはまず正しい呼吸法を覚えてもらい、表情筋と舌のストレッチ法で、いい声が出る「下地」をつくりました。そして2日目には実際のプレゼン原稿を持ってきてもらい、息を吐く場所、間の取り方、強弱をつける箇所などを書き込みながら聞き手を引きつける声の出し方のトレーニングをしました。

たった3時間です。しかし彼の声は別人のように変わりました。よく響く低音ボイス。マネージャーにふさわしい威厳と自信を感じます。録音した声を聞いて驚いたのは本人。

「こんなことだったら、もっと早く来ておくべきでした。自分にこんないい声が出せるとは思いませんでした」

後日、寺田さんから朗報が届いたのはいうまでもありません。

声はみなさんが思っているよりも、人の印象を決定づける力が大きいものです。

そして、一流のビジネスパーソンはそのことに気づいています。

私は仕事柄、企業のトップや社会的にリーダーと呼ばれている人とお会いする機会が多いのですが、彼らは本当にみんな声がいい！


アメリカのデューク大学が少し前に興味深い調査結果を発表しています。792人の男性CEOの声を調べた結果、低い声を持つ男性はそうでないCEOと比べ、より規模の大きな会社を経営し、1年で18万7000ドル（約2300万円）も多く稼いでいたそうです。「低い声＝いい声」と考えれば、この結果も

「仕事ができる人は声がいい」を裏付けるものといえそうです。

では、声がイマイチだとどうなのでしょうか。

残念ながらいくら実力があっても過小評価されがちです。

本当は能力があるのに声にコンプレックスがあり、人前でスムーズに話せない。心の中には熱い思いがあるのに、声に出すと気の抜けた話し方になってしまう。これではなかなかあなたの真の実力を相手に伝えることはできません。「本当の私はこうじゃない」はビジネスでは通用しないからです。


私も声で損をしているかも。

そう思うなら、今すぐ声を変える努力をしましょう。大丈夫、病気でない限り声は変えられます。

顔を整形するよりもちろん簡単。ダイエットのように苦しくもありません。

必要なのはちょっとした知識。簡単なコツとトレーニング法を知るだけで、声は確実によくなります。そしてその声を手に入れることは、どんな資格を取るよりもビジネスに役立つことなのです。


私は「話す」ことに悩みを抱えている人たちのためのボイストレーニングスクールを主宰しています。

音楽家ならではの鋭い聴力と「絶対音感」、発声ノウハウを生かしたレッスンでこれまでに延べ3万人のビジネスパーソンの声を変えてきました。

この仕事をしていて一番うれしいのは「声が変わったことで、仕事が楽しくなった」「周りの評価が変わり自信がついた」という声を聞くことです。

「声で損をしている人を一人でも救いたい」

そんな思いで日々、東京校を拠点とし、北は北海道から南は沖縄まで全国各地の企業研修や講座でたくさんの人の声に向き合っています。

この本は、私が日ごろボイススクールやセミナーで教えているビジネスのための声のテクニックの中から、一人でもできるもの、即効性があるものを中心にピックアップし、まとめたものです。

各章に書かれていることを簡単に紹介しておきましょう。

第1章では、たった数秒で声が変わった生徒さんのケースを紹介し、「声は生まれつき」という思い込みが間違いであることをお話しします。

第2章は、第一印象をよくするための声のテクニックです。

第3章は、説明や説得、交渉の場面の声のテクニック。あいづちの打ち方にもふれています。

第4章は、まるごとプレゼンです。緊張や〝噛み〟対策から、スピードコントロールの練習法までを紹介します。

第5章では、オバマ米大統領からイチロー選手まで、カリスマたちの声に注目し、その魅力を分析します。最近トレンドの「低音ボイス」の魅力についてもお話ししましょう。

第6章は、「部下がぐんぐん伸びる声」。「叱る」「ほめる」「励ます」「諭す」のシーン別に声のテクニックを紹介します。

第7章のテーマは「謝罪」。〝こじらせない〟ための謝罪テクニックについて考えていきましょう。

第8章はいよいよ上級編です。「講演編」と「シチュエーション別編」に分け、基礎のテクニックができた人向けにより実践的で、ライバルたちに差をつけられるテクニックを紹介します。

第9章は、趣向を変え「ビジネスカラオケ」がテーマ。歌嫌いな人でも1曲持ち歌が持てるための即効性のある3つのテクニックを中心に紹介します。

第1章から順に読む必要はありません。気になる章からパラパラと気軽に読んでください。そして「これは！」と思うテクニックを見つけたら「どう変わるのかな」と楽しみながら実践すればいいのです。なんだかワクワクしてきませんか。

声はちょっとしたコツと意識で変わります。

さあ、一緒に声を変えていきましょう！

声を変えるだけで仕事がうまくいく

目次

第2章　第一印象をよくする声の秘密

第3章　説明・説得・交渉がうまくいく声の技術

第4章　プレゼンに勝つための声のテクニック

第5章　カリスマたちの発声法

第6章　部下がぐんぐん伸びる声

第7章 謝罪の効果が上がる声のトーン

第8章　上級編！　状況に合わせて声を変えよう

第9章　3つのテクニックで即効上達！ ビジネスカラオケ必勝法

第1章

声は変えられる

8秒で声が変わった会社員

社会人になって初めて名刺交換したときのことを、覚えていますか。真新しいスーツに、できたての名刺。緊張のあまり、手がぶるぶる震えたり、自分の名前を噛んでしまったりした人もいるかもしれません。

そんな失敗も今となっては懐かしく感じられる。そんな人がほとんどではないでしょうか。

しかし、金融系の会社に勤める田中義明さん（仮名・47歳）はそうではありませんでした。

入社して20年以上にもなるのに、名刺交換が大の苦手だというのです。聞けば、名刺交換の際の自己紹介がスラスラ言えずに困っているとのこと。部下にバカにされると思うとなおのこと緊張してしまうといいます。

早速いつも通りの自己紹介をしてもらいました。

「か、かぶしきがいしゃ○○の、た、たなか、よ、よしあきです」

こんなに短い文なのに、3回も詰まってしまうとはなかなか大変。発音もモゴモゴとして不明瞭です。初対面のあいさつからこれでは、さすがにあいさつされた相手も「この人で大丈夫だろうか」と不安になりそうです。

「このままでは、お客さんにはなかなか信頼してもらえないし、部下に叱っても、どうも説得力がないというか、イマイチ伝わらない感じがします」

相当悩んでいる様子の田中さん。20年のキャリアを捨て、人と話すことが少ない仕事への転職も考えていると打ち明けてくれました。

彼の声の問題は、呼吸法が間違っている（胸式寄りの呼吸になっている）こと、と、息のコントロールができていないことでした。そのためよく詰まってしまい、滑舌も悪くなってしまっていたのです。

そこで私が指導したのは、「単語の頭で息を吐く」というテクニックです。息を吐くポイントを手拍子やジェスチャーで示し、それに合わせて声を出すようにアドバイス。そして同じセリフをもう一度言ってもらいました。

するとどうでしょう。

「株式会社〇〇の田中義明です」

今度は一度も噛むことなく、とてもクリアに自己紹介ができました。

このテクニックの指導時間はわずか8秒程度。それでも彼の声は間違いなくよくなっていました。

驚いたといえばもちろん本人です。20年間も悩み続けてきたことが、ものの8秒で解決してしまったのですから。

それから30分ほど呼吸法のトレーニングも受け、自分の声に自信を持てるようになった田中さん。「もう少し今の職場でがんばってみます」と笑顔で帰っていきました。

声を出すにもコツがある

もうひとつのケースも紹介しておきましょう。

その方は人材会社に勤めて3年目の20代の女性・山田さん。ふだんから電話で対応する仕事が多いとのことでした。

彼女が苦しんでいたのが、「お電話ありがとうございます。株式会社○○○です」という電話応対の定番ゼリフ。滑舌が悪いせいで、電話の相手に聞き返されたり、上司や先輩から「もっとはっきり言って」と注意されたりするうちに、すっかりコンプレックスになってしまったそうです。

「最近は、声を出そうとするだけでものどが『うっ』と詰まってしまうことが増えてしまって」

ここまでくると重症です。藁をもつかむ気持ちで私のところに駆け込んできたのでしょう。

彼女の場合、周りからの指摘で自分の声に自信がなくなってしまい、声が小さくなってしまったのがよくありませんでした。声が小さければ小さいほど、正しい発声法になりにくくなるものなのです。

また、声が小さくなったために、のど周りの筋肉に余計な力が入ってしまう「のど声」にもなっていました。それで詰まったような聞き苦しい声になってしまっていたのです。

山田さんにも、田中さんと同じように単語の頭で息を吐く方法を教え、声の印象を明るくするために、口角を「ニッ」と上げて話すようにアドバイスしました。

半信半疑の様子で話を聞いていた山田さんですが、「とにかく言った通りにやってみてください」と私に促され、いつものセリフを言ってみました。

「お電話ありがとうございます。株式会社〇〇〇〇です。……あれ、言えちゃった」

録音した声を聞いてみてもまるで別人。発音がクリアになり、声が聴覚にしっかり届くようになりました。

これだったら、電話の相手が不快感を持ったり、周りから注意を受けたりするようなことはないはず。声のトーンも明るくなり、まるで彼女自身が明るく変わったようにさえ感じます。

先日、その山田さんからメールが届きました。

「声のコンプレックスがなくなって、自分に自信が持てるようになりました。電話の相手と話が弾むようになったし、社内でも『明るい子』というイメージを持たれるようになりました。本当にありがとうございます」

そして最後に、こう書かれてあったのです。

「声を出すにもコツがあるなんて知りませんでした。知らないままの人は損をしているのですね。もっといい声になる可能性があるのにもったいない話です」

私がこの本で伝えたいのは、山田さんがいうところの「コツ」です。

みなさんの声は可能性があります。今の声がもし「イマイチ」だとしたら、これまで声にあまりにも無頓着で、知識がなかっただけなのです。

田中さんや山田さんがそうだったように、みなさんの声も何かを少し変えるだけで、あるいはちょっとしたテクニックを覚えるだけで、劇的によくなるはずです。

そしてそれは仕事をする上で大きな武器になっていくのです。

「声は生まれつき」という思い込み

みなさんの中には、スポーツジムに通ったり、ランニングをしたりして、体を鍛えている方も多いのではないでしょうか。私の周りでも健康に気遣う人が年々増えてきているように感じます。

でも、声についてはどうでしょうか。みなさんの周りにボイススクールに通っている人はいますか。自分で声のトレーニングをしている人はいますか。友人と

「いい声の出し方」について話し合ったことはあるでしょうか。

シェイプアップのことは話題になっても、声のことが話題になりにくいのはなぜでしょうか。

そこにあるのが「体は変えられるけど、声は生まれつき」という間違った思い込みです。

滑舌が悪い、声が通らない、声が高すぎる、低すぎる……。病気に起因するものでないかぎり、声は直すことができます。定期的なトレーニングが必要なものもありますが、声質そのものだって、根気よくトレーニングを続けていくことで変えることができるのです。

私はよく生まれたばかりの赤ちゃんの泣き声の話をします。

「オギャー、オギャー」というその泣き声は、とてもよく通り、聴覚に強く訴えかけてきます。赤ちゃんは誰にも何も教えられていないのに正しい腹式呼吸ができています。のどに負担のかからない発声法を知っているのです。

声を出しすぎてのどを痛めた赤ちゃんなんて、私は聞いたことがありません。生まれたときは誰もがよく通る声を持ち、本来あるべき声の出し方をしていたということ。

もし今、声に悩んでいるとしたら、いつからか、悪い声の出し方が習慣化してしまい、自分の声になってしまっただけのことなのです。

筋トレで体を変えられるように、声だって変えられます。「変な声だけどしかたがない」とあきらめてしまうのは間違い。

とてももったいないことだと思いませんか。

ビジネスシーンの日本語は別物

みなさんは日本語を思いの通りに操れますか。

ネイティブですから、読み書きには問題はありませんね。病気などでなければ、聞くことにも問題はないはずです。

では、話すことはどうでしょう。もちろん日常的な会話で困ることはないはずですが、ビジネスシーンでは？

学生時代は何とも思っていなかったのに、社会に出てから自分の声にコンプレックスを感じるようになったという人は結構います。

家族や友人と話すときとは違い、ビジネスでは相手に自分の思いをしっかりと伝えることが必要となるからです。相手の聴覚にしっかり声が届かなければ、お客さんの心を揺り動かすことはできませんし、はっきり話さなければ、部下への威厳はなくなってしまいます。

もうひとつ、敬語の問題もあります。

一口に敬語といっても日本語には尊敬語、謙譲語、丁寧語などの種類があり、とても複雑です。

紅白歌合戦で、アイドルグループの一人が、大先輩の演歌歌手のバックダンサーを務めたのですが、「踊らせていただく」と言うべきところを「踊らされている」と失言し、話題になりました。

ちょっとした言い間違いでとんでもない事態にもなりかねないのが敬語です。相手に失礼がないように、と思えば思うほどうまく話せなくなる。誰もが一度は経験しているのではないでしょうか。

「～させていただきます」など、発音がしにくいサ行が多いのも厄介な点です。ビジネスシーンでは、難しい敬語を使いこなしながら、しかも相手の心を揺り動かすように話すことが必要になります。

親しい人とたわいない話をするときの日本語と、ビジネスシーンで使う日本語とは、別のものだと考えるべきなのです。

日本のビジネスパーソンには、もっと声について知ってほしい、もっと意識して声を使ってほしいと思っています。

日本語は一番間違った発声法になりやすい言語

日本語についてもうひとつ知ってもらいたいことがあります。

それは、日本語が世界の言語の中でも、間違った発声になりやすい言語だということです。

たとえば「ハシ」という言葉を考えてみると、それが食べる道具の箸なのか、渡るための橋なのか。私たちは「ハ」を高く言うか、「シ」を高く言うか、つまりアクセントの違いで使い分けています。

そのため発音そのものがそれほどクリアでなくても、意味はなんとなく通じてしまう。こそこそ話のしやすい言語といってもいいでしょう。すると何が起こるかというと、赤ちゃんのときにはできていた正しい発声法をさぼってしまうのです。

「発音がはっきりしなくても通じるみたいだぞ。だったら息を吐く量はさほどいらないな。適当に息を送っておこうぜ」

そんな感じかもしれません。

そうやってさぼっているうちに、いつしか腹式呼吸ではなく、胸式寄りの呼吸が「ノーマルモード」になり、やがて、通りにくく、詰まったような声ができあがってしまいます。

ほかの外国語はどうなのでしょう。

たとえば英語は、高低ではなく、息の強弱をアクセントにしています。強いアクセントを言うときには、息をしっかり吐いていないと発音できません。常に腹式呼吸が必要になります。さぼる暇がない言語といってもいいでしょう。

世界広しといっても、日本語のように高低アクセントのみで、胸式呼吸でも話せてしまう言語はとても珍しいといわれています。

実際に統計をとったわけではありませんが、私がふだん感じているところでは、日本人のうち、胸式寄りの間違った呼吸法で話している人の割合は大体半分くらい。女性に限っていえば、その割合は6割を超えているように思います。

ちなみに、関西ではこの割合はぐっと少なくなります。

芸人の方に限らず、関西の人は声がよく通る人が多いと思いませんか。

関西弁を聞く機会があったら、ぜひ注意して聞いてほしいのですが、関西の言葉には、高低アクセントだけでなく、強弱アクセントがあります。つまり腹式呼吸をさぼることができない言葉だということ。

関西人が商売上手といわれるのには、しっかりと腹式呼吸で声を出していることにも理由があるのかもしれませんね。

第2章

第一印象をよくする声の秘密

第一印象に自信がありますか

この章からは実際に声を変えるテクニックをみていきます。まず基礎編としてみなさんにマスターしてほしいのが、第一印象アップのための声のテクニック。第一印象は外見だけではありません。声まで気を配ってこそ、ビジネスパーソンとして成功できるのです。

ビジネスにおいて第一印象がいい人というのは、相手に「この人の話なら聞いてみたい」「この人となら仕事がしたい」と思ってもらえる人です。信頼してもらうことで、ビジネスチャンスは開けていくものだからです。

みなさん自身はどうでしょうか。第一印象に自信がありますか。相手に信頼感を与えることができていますか。

わからなければ、人と出会うのが好きかどうか考えてみましょう。「人と出会うのが大好き」と言える人はおそらく第一印象のいい人です。自分のことを相手が「この人は大丈夫」と思って信頼してくれるのがわかるし、話を聞いてくれるから、そういう場にいるのが楽しいのです。

逆に、第一印象に自信がない人というのは、初対面の場が苦手なものです。相手が「この人は大丈夫かな」と警戒してしまい、自分の話にも興味を持ってくれないことが多いからです。その場にいるのが辛くなり、自分に自信がなくなり、やがて人と出会うことそのものが苦手になってしまうのです。

この悪循環を断ち切るためには、やはり第一印象がよくなるよう努力するしかありません。どこをどうしたら自分の印象はよくなるのだろう。そこで多くの人が考えるのが外見です。みなさんもすでに努力はしているのではないでしょうか。

「もっと清潔感のある髪型に変えよう」

「明るめのファッションに」

「できるイメージのメイクがいいかも」

というふうに。

それでももし第一印象に自信が持てないなら、それは見た目の問題ではなく、声に問題があるのかもしれません。

みなさんは「メラビアンの法則」をご存じでしょうか。

アメリカの心理学者、アルバート・メラビアンは、相手の情報が少ないとき、私たちはどこからの情報を優先して相手のことを判断するかということを研究しました。そして次のような結果を導き出しました。

「見た目・表情・しぐさ」　55％
「声の質・速さ・大きさ・口調」　38％
「話す言葉の内容」　7％

見た目だけでなく、実は声や話し方も第一印象の4割を決める大きな要素となっています。そして「話す言葉の内容」はわずか7％。初対面の場では、何を話すかよりも、どう話すかの方がずっと大切ということ。声がよくなければ相手はろくに話を聞いてくれないといっても過言ではないのです。

意外に知らない声が出る仕組み

第一印象を変える発声テクニックを身につけるためにも、ぜひ理解しておきたいのが、声が出るメカニズムです。

みなさんは声がどこでどうやってつくられるのか考えたことがあるでしょうか。ほとんどの人がさっと答えることはできないはずです。もし答えることができる人がいたら、それは医師や言語聴覚士といった専門家くらいでしょう。

みなさんの多くはこれまで無意識に声を使い続けてきたはずです。だからこそここで声が出る仕組みについて知っておいてほしいのです。

声を出すときに自分の体の中でどんなことが起きているかがわかれば、もっと自分の声にも意識が向けられるようになります。これから紹介していく発声テクニックもより効果的に使えるようになるでしょう。

図1　発声のメカニズム

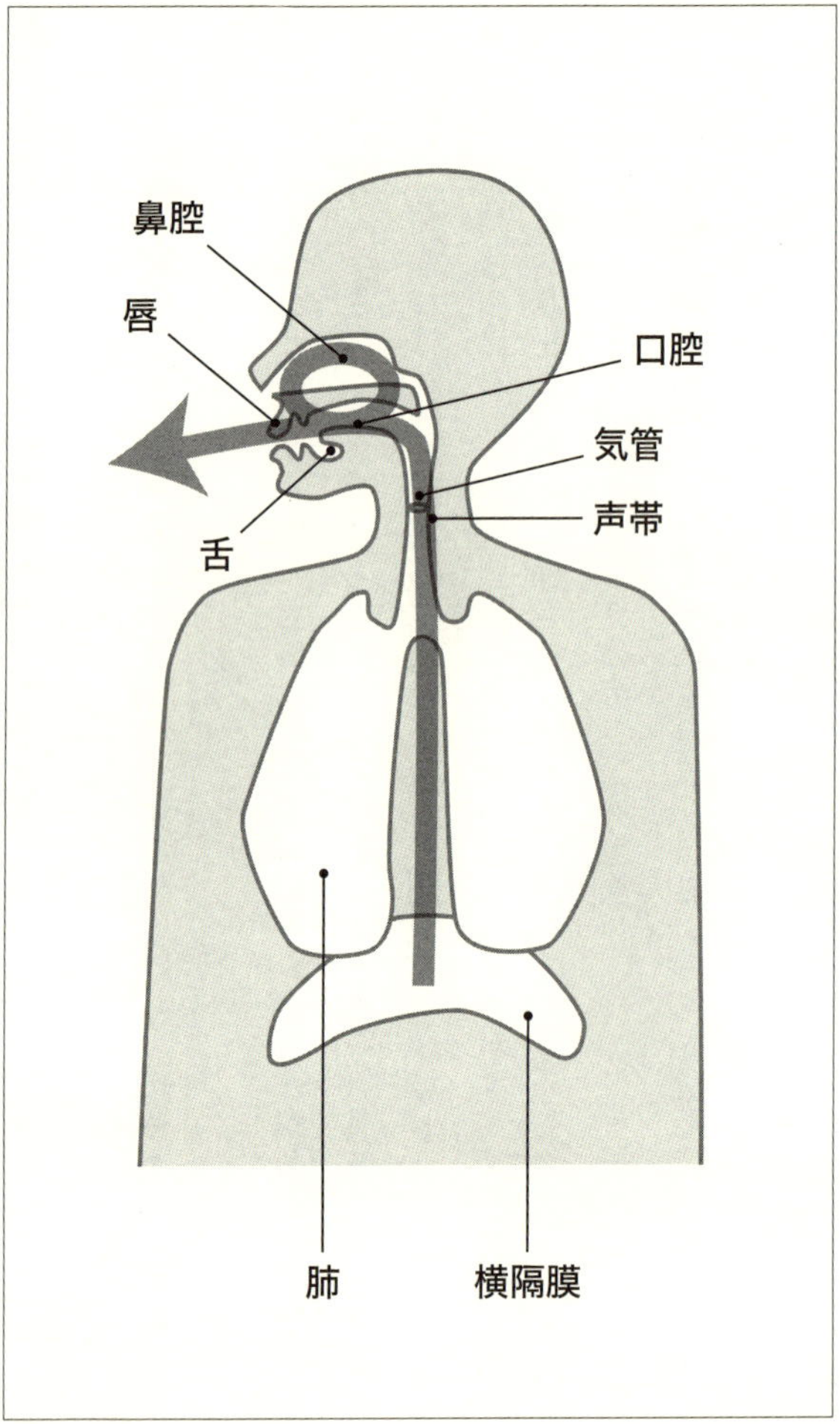

①肺から出た空気（呼気）が、横隔膜の収縮でコントロールされ、上部に送られる（呼吸）
②気管を通った呼気が声帯にぶつかり、そこを振動させて声のもとになる音をつくる（発声）
③音になった空気が、鼻腔、口腔などの空洞で響く（共鳴）
④舌や唇を使って、音が言葉になる（発音）

大事なのは、私たちは息を吐きながら声をつくっているということです。

「吐いた息に声の成分をのせている」

このことを意識するだけでも声は変わってきます。そして声をコントロールしやすくなります。

腹式呼吸が大事なわけとは

声の第一印象を決める大きな要素が呼吸法です。声に「原材料」があるとしたら、それは吐く息。その息が不足したり、不安定になったりしては、いい声は出ません。

たっぷりと出し入れできる呼吸法でしっかりした声を出せるようにしましょう。

代表的な呼吸法には2つあります。お腹で息をたっぷり出し入れする「腹式呼吸」と、胸だけで浅く息を出し入れする「胸式呼吸」です。私たちはこの2つの呼吸法をミックスして話しているのですが、その割合は人それぞれ違います。

腹式呼吸を体感するには、横になってお腹を意識してみるのがよいでしょう。寝ているときは誰もが自然に腹式呼吸になります。息を吸うときにお腹が膨らみ、息を吐くときにお腹がへこんでいるのがわかりますね。

一方の胸式呼吸は、胸に手を当てて口を閉じて鼻から息を吸ってみたときの呼吸法です。息を吸ったときに胸が膨らむ感じがするはずです。

いい声を出すためには、呼気が肺にたっぷり入り、吐く息に勢いが出る腹式呼吸を心がけることが大事です。強い空気圧で息が長く出せるようになり、人の聴覚に届きやすい周波数の声を出すことができます。息のコントロールもしやすくなります。

一方、胸式呼吸寄りの呼吸では、呼気量が少なく、吐く息にスピードが出ません。声は通りにくくなり、息のコントロールができないことで、滑舌も悪くなりがちです。

私が知っている限り、トップレベルのビジネスパーソンに胸式呼吸寄りの人はいません。腹式呼吸でしっかりと息を吐き、聴覚に届くしっかりとした声を出しています。声に勢いがあるため、初対面の相手にパワフルでエネルギッシュな印象を与えることができるのです。

腹式呼吸をマスターするためのトレーニングは数多くありますが、ここでは、腹式呼吸のコツを一発でつかめる方法を紹介しておきましょう。

①右手をお腹の上、左手は口の前に置きます。手のひらを口に向けておきます。
②寒い冬の日をイメージして、凍えてしまった手を暖めるような気持ちで、手のひらに息を「ふ――っ」と吹きかけます。

ポイントは吸うことよりも吐くことを強く意識すること。たっぷり息を吐いたら、その反動でお腹に空気が入っていく感じをつかみましょう。

胸式呼吸を腹式呼吸に変えるだけで、声の印象は80％アップします。逆にいえば、第一印象のいい人というのは、必ず腹式呼吸でしっかりと声を出している人なのです。

あいさつが劇的によくなる裏ワザ

第一印象を大きく左右するのがあいさつです。「はじめまして」「こんにちは」「お世話になっております」……。初めて会った相手に向けて初めて口にする言葉だからこそ、大切にしたいものです。

気持ちのよいあいさつといえば、「博多一風堂」の店員さんです。濃厚な豚骨スープが好きでよく店に行くのですが、店員さんたちの明るく元気な「いらっしゃいませ」にはいつも感激しています。

店員さんのあいさつがいい店というのは決まって儲かっているものですし、儲かっている店というのは、店員さんのあいさつがいいものなのです。

これはもちろん飲食店に限った話ではありません。ビジネスシーンで交わされるあいさつも同じ。あいさつはその人の仕事への姿勢を表していると私は考えています。そして私が知っている限り、超一流のビジネスパーソンの中にも、そのように考えている方は多いようです。

たとえば「博多一風堂」の創業者・河原成美社長は社員研修にボイストレーニングを採用。あいさつの大切さについてもよく話されるそうで、明るく元気な店づくりに「声」をうまく利用されています。

社長ご自身も美声の持ち主。もともといい声をなさっていたのですが、私のスクールでボイストレーニングを受け、明るくはつらつとした声に磨きをかけられました。一度社員研修におじゃましたことがあるのですが、エネルギッシュな声で社員の心をグイグイ引きつけていく迫力に圧倒されたのを覚えています。

また、別のある社長は「あいさつひとつで、その人の人柄や人間性が見えるし、生活態度もわかる」とおっしゃっていました。確かに気持ちのいいあいさつができないという人は、相手を心地よくできないわけですから、相手の立場になって考える力がないと受け取られかねません。その社長さんとお会いするときには、私もいつも背筋が伸びる思いです。

では、相手にいい印象を持ってもらえるあいさつをするためには、どうしたらいいのでしょうか。まずは腹式呼吸でしっかり声を出すことが基本ですが、ここでは即効性のあるテクニックを紹介しておきましょう。

まずは、第2音を高めに言うテクニックです。

「いらっしゃいませ」であれば、第2音の「ら」をいつもより高めに発声します。「ありがとうございました」なら「り」、「おはようございます」なら「は」ですね。ここを高めに言うことで、あいさつの印象は劇的によくなります。明るく感じのよいあいさつになるのです。高めの声を出すことで、言っている自分も明るい気分になるから不思議です。

もうひとつは語尾に小さい「つ」を入れる作戦です。

「おつかれさまです」なら「おつかれさまですっ」、「ありがとうございます」なら「ありがとうございますっ」。最後に小さい「つ」を加え、さくっと切る感じで言うだけで、てきぱきとした印象になります。元気で明るいイメージが求められているときに試してみましょう。

どちらもすぐに使える簡単なテクニック。あいさつに表情を持たせたいときに効果的です。

にっこり口角とぱっちり目で印象アップ

声の印象を明るくするには、声を高くする方法があります。特別なトレーニングをしなくても、大丈夫。にっこり自然な笑顔で話せばいいのです。頬の肉を持ち上げて、ふんわりとした笑顔をつくるようにすると、それだけでピアノの鍵盤の音で1〜2音ほど高い声になります。

同様に、上まぶたを上げていつもよりバッチリと目を開けるようにすることで頬の肉が上がり、高い声が出やすくなります。目が大きく見え、イキイキとした表情にもなりますよ。

できる人の朝は「お」が違う

有名企業のトップの方や、「トップセールス」として若いビジネスパーソンの憧れの存在となっている方とお会いする機会がよくあります。

バリバリ人を引っ張っていくタイプの方もいれば、穏やかで包容力のある方もいて、個性はいろいろですが、共通しているのが腹式呼吸でしっかりとあいさつされていること。そして「お」がとても上手だということです。

「お」が上手というのは、「お」の音がとても明瞭だということです。『お』なんて、誰が言っても同じだろう」。そう思っている人は、「あ」と「お」を言い比べてみましょう。「あ」は明るくはっきり言えても、「お」はちょっと暗い音になってしまいませんか。

実は「お」は母音の中で一番こもりやすい音なのです。

「お」の違いがはっきりわかるのが、朝一番の「おはようございます」です。このあいさつを明るくさわやかに言える人というのは、それだけで人より目立ちます。そして実際に仕事ができる人が多いのです。

ここだけの話ですが（笑）、私は「おはようございます」を聞いただけで、その人の年収をある程度言い当てることができます。

「お」から始まるあいさつはほかにも結構ありますね。たとえば「お疲れ様です」「お電話ありがとうございます」がそうです。そして、同じお段の仲間「こ」から始まるあいさつには、「こんにちは」「こちらこそ」「これからもよろしくお願いします」などがあります。

この難易度の高い「お」にも攻略法はあります。ポイントは「のどを開けること」です。のどの奥が閉まっているから、声は響かず、こもった音になってしまうのです。「げんこつ含み法」でのどの奥が開く感覚を覚えましょう。

①口を開け、手をグーにして、縦にする（親指が上、小指が下になるように）

②グーにした手の人さし指と中指を口に入れ、軽く噛む
③そのまま「オー」と声を出す（何度か繰り返す）
④指を口から出し、「オー」と声を出す

明瞭な「お」が出るようになったら、今度はのどが開いた感覚をキープしたまま「おはようございます」と言ってみましょう。自分でもびっくりするくらい、あいさつの印象が明るく変わっているはずです。方法そのものは簡単なので、忘れたときには何度でもこの方法を試してみましょう。

なお、この「げんこつ含み法」、声が出にくい時間帯のウォーミングアップにも最適です。朝一番の「おはようございます」の声がよければ、一日のスタートは気持ちのよいものに変わります。そしてさわやかで明るい第一印象をつくりだすことができるのです。朝一番の「お」で、できるビジネスパーソンに近づきましょう。

自己紹介は「単語の頭で息を吐く」

あいさつに続くのが自己紹介です。セリフそのものはいつも大体同じはずですから、印象アップの大事なポイントになるところといえるでしょう。

定番の言い方といえば、「株式会社マイナビの秋竹朋子です。よろしくお願いします」といったもの。時間にしたらたった5秒ほどの長さですが、あいさつと、この自己紹介で第一印象は大体決まってしまいます。この5秒で一流のビジネスパーソンとそうでない人では、その印象に大きな差が出てしまうのです。

できる人の自己紹介は、社名や氏名が聞き取りやすく、堂々としていて、「この人は大丈夫」という信頼感を相手に与えます。

一方、途中で噛んでしまったり、滑舌が悪く聞き取りにくかったりすると、聞いている側はどうしても「この人、大丈夫かな」と心配になり、用心深くなってしまいます。

どんなにすばらしい商品やサービスであっても、それを紹介する人が「自分の名前もしっかり言えない人」では、相手は信用してくれません。その商品やサービス開発のために奔走した人たちも報われませんね。

このように、自己紹介は簡単なようでビジネスの成否にもかかわるとても重要なものです。だからこそ、なおのこと緊張してしまう。そんな人もたくさん見てきました。苦手意識が大きくなることで、さらに声がこもりがちになり、噛みやすくなってしまうからです。

こうした悩みのほとんどは「単語の頭で息を吐く」という方法で解決できます。長い文を一気に言おうとするから難しいだけ。単語あるいは文節で区切り、それぞれのパートの頭で息を吐くようにします。

ビフォーアフターを確認する意味でも、まずはいつも通りの自己紹介をスマホなどに録音してみましょう。そして客観的にそれを聞いてみるのです。自分ではしっかり言っているつもりでも、早口だったり、声がこもっていたりと気になるところはあるはずです。

そして今度は単語の頭で息を吐く方法で自己紹介し、それを録音します。さきほどの自己紹介なら6パートほどに分け、それぞれのパートの最初の音（太字部分）で息を吐いていきます。

「**か**ぶしきがいしゃ　**マ**イナビの　**あ**きたけ　**と**もこです。**よ**ろしく　**お**ねがいします」

ポイントは少し大げさなくらいに単語の頭で息を吐くこと。それだけでかなり言いやすくなるはずです。

日本語はひとつの単語が2〜6の音でできていることが多いのですが、その頭で息を吐くことで、息のコントロールが容易になり、噛みにくくなるからです。短く区切ることで、単語の頭で強い息が自然に出るようになり、腹式呼吸の通りやすい声になるという効果もあります。

企業研修やセミナーで講師をする際にも、よくこの方法を試してもらうのですが、言っている本人はさほど変わっていないと思っていても、聞いている方の反応はまったく別物。「まるで別人みたいな自己紹介になった」「信頼感を感じるようになった」「劇的変化！」と驚きの声がよく上がります。

この方法は、緊張して噛みそうなときや、話しているうちに早口になり、滑舌が悪くなりそうなときなどにもぜひ応用してください。「軌道修正」にも抜群の力を発揮しますよ。

コツをつかむためにトレーニング用の言葉を用意しました。太字のところで息を吐く練習をしてみましょう。

2音

こい（恋）　**す**き（好き）　**み**る（見る）　**あ**い（愛）　**あ**さ（朝）　**あ**す（明日）

ゆめ（夢）　**か**つ（勝つ）

3音

こころ（心）　**き**ずな（絆）　**ゆ**うき（勇気）　**み**らい（未来）

エロス　**え**がお（笑顔）　**い**つか

4音

すてきな（素敵な）　**せ**いめい（生命）　**う**まれる（生まれる）

こいする（恋する）　**や**さしい（優しい）　**し**んじる（信じる）

わたしが（私が）　**だ**いすき（大好き）

5音

しんぴてき（神秘的）　**と**きめきの　**い**とおしい（愛おしい）

こえのいい（声のいい）　**す**ばらしい（素晴らしい）

ここちよい（心地よい）　**と**きめきの　**あ**いことば（合言葉）

6音

しげきのある（刺激のある）　**か**んどうする（感動する）

だいじにする（大事にする）　**す**てきなひと（素敵な人）

せかいのなか（世界の中）　**け**んきょなひと（謙虚な人）

こころかよう（心通う）　**い**のちのもと（命のもと）

一瞬で相手の心をわしづかみにする声とは

最後に「一瞬で相手の心をつかむ声」について考えてみましょう。そんな声があるとしたら、それはどんな人の声なのでしょうか。

元プロテニスプレーヤーの松岡修造さんがすぐ思い浮かんだ。そういう人は多いかもしれませんね。確かに彼の声は高くて張りがあり、よく通ります。息のスピードが速くエネルギーとパッションも感じます。だからこそ彼のセリフには妙な説得力を感じてしまうのです。まさにコーチ向きの声といっていいでしょう。

彼が持つ独特の雰囲気や体の動きの効果ももちろんあるのだとは思いますが、あの声が果たしている役割は間違いなく大きい！「修造ブーム」の立役者は実はあの声なのかもしれません。

女性では、タレントのベッキーさんの声がとても魅力的です。よく通る落ち着いた声で、相手に安心感を与えてくれます。まだ若いですが、どこか包容力を感じるのはそのせいなのかもしれません。

この2人もそうですが「第一印象で相手の心をわしづかみにする声」というのは、まずは聴覚に届くしっかりとした声のことだと私は考えています。なぜならそこには、相手が聞きやすい声を出そう、楽に聞ける声を出してあげようという気配りがあるからです。そして、そうやって出された声は相手の聴覚だけでなく心をも動かすパワーがあるのです。

この章では、第一印象をよくするために役立つ声のテクニックを紹介しました。

あいさつと自己紹介を合わせても10秒ほど。でも、たかが10秒と考えるのはビジネスパーソンとしては失格です。優秀なビジネスパーソンであればあるほど、その10秒でしっかり仕事への真摯な姿勢を表現しています。

第一印象はいい出会いになるかどうかの分かれ道。声を磨いてビジネスチャンスをつかみましょう。

第3章

説明・説得・交渉がうまくいく声の技術

ジャパネットたかた・高田元社長のトーク分析

あいさつや自己紹介の次はビジネストークです。説明や、説得、交渉の場面にはどう臨んだらいいのか、どんな声のテクニックが使えるのかを考えていきます。

たとえば、一生懸命説明したつもりなのに、「ちょっとよくわからなかった。もう一度はっきり言ってくれないか」と言われたことはありませんか。

聞き取りにくい声は相手に負担をかけます。聞き返されるくらいならまだいいですが、「聞いているふり」をされてしまっては、せっかく熟考して臨んだ説明も水の泡です。

話をちゃんと聞いてほしいなら、聞き手ががんばらなくても話の内容が頭に入ってくるような明瞭な話し方を心がけましょう。

ビジネス相手や上司が何度も聞き直さなければならない声で話すのは、インクがかすれて読みにくい書類を渡したり、座り心地の悪いイスに座らせたりするようなもの。マナーにも反します。

では、どんな声が理想なのか。テレビショッピングの司会者で考えてみましょう。

最近は深夜だけでなく昼間もテレビショッピングの番組が増えました。なんとなく見ていただけなのに、テンポのよいトークに引き込まれ、「これ、けっこういいかも」と思い始め、気がつくと電話をしてしまっていた、なんてこともあるのではないでしょうか。

誰もが知っている司会者といえば、ジャパネットたかたの高田明元社長です。地方の小さなカメラ店を、たった一代で年商1500億円超の通販企業大手に育て上げた凄い経営者ですが、それよりもあのかん高い声とちょっと訛りが入った独特のトークでよく知られています。

一番の特徴といえば、声が高いことですが、特にその商品のアピールポイントになると「想定外」の高音ボイスで私たちの心を惑わし（笑）、わしづかみにします。

「こんなに引き延ばしてもきれいなんです！」

「今なら5万円で下取りもします」

ピアノの鍵盤で3音分ほど突然上がるのですから、こっちまで気分が高揚してしまいますね。

最近のポピュラー音楽には、曲の途中で調を変えることで曲にドラマチックな効果を与える手法がよくとられていますが、高田元社長は歌ではなく話しているときの声でそれをやってのけているのですから、まさに声の達人といっていいでしょう。

あの高い声を真似するのは至難の技ですが、高田元社長のトークには、そのほかにもお手本にしたいテクニックがあります。

①腹式呼吸で話している

高田元社長の高音ボイスを支えているのが、正しい呼吸法です。高い声は低い声に比べて吐く息にスピードと強さが必要です。アピールポイントにくると、ピアノの鍵盤で3音分上がるといいましたが、それには通常の1・5倍ほどの強い息が必要になります。これは胸式寄りの呼吸では不可能です。

②アピールポイントでは大きくゆっくり

アピールポイントでは声が高くなるだけでなく、声量が大きくなり、ゆっくりと聞き取りやすい声に。「ここだけはしっかり聞いてもらいますよ」という意気込みが伝わってきます。

③「みなさん」と何度も呼びかける

頻繁に「みなさん」と呼びかけてきますから、なんとなくテレビをつけていただけでも、つい意識がそこに向かいますね。目の前で自分のために話してくれているような感覚になりますから、親近感もわきます。

④単語の頭で息を吐いている

滑舌についていえば、高田元社長はそれほどいい方ではありません。それでも言葉がしっかり聴覚に入ってくるのは、単語の頭で息を吐くことで、言葉が立ってくるからです。

特に声が高くなり、声量も大きくなる〝山場〟のトークを聞くとそれがよくわかります。たとえばパソコンの商品説明の際にはこんな感じで話していました（太字のところで息を吐いています）。

「**こ**うじ　**ふ**ようで　**と**どいたら　**す**ぐに　**イ**ンターネットが　**で**きます」

（工事不要で届いたらすぐにインターネットができます）

※練習法は第2章で紹介しています。

さきほど、聞く側ががんばらなくても聞いていられる話し方が大切だと言いましたが、こうしたテクニックを少しずつ習得していくことで、「がんばらなくても」どころか「そのつもりがなくても」聞く側に訴える力が生まれてくるのです。高田元社長のものでなくてもかまいません。「この人の話には引き込まれる」という人を見つけたら、繰り返し聞いて、そのテクニックを盗み取ってしまいましょう。

好きこそ声の上手なれ?

話に説得力があるといえば、解説者もそうです。野球だったり、スケートだったり、映画だったり。その分野はいろいろありますが、共通しているのが「熱意」です。

自分が大好きなスポーツだから、愛するチームだから、応援する選手だから、ぜひ見てほしい作品だから……彼らの言葉は人の心を動かします。

私が最近「熱意」の大切さを実感したのは、住宅展示場に行ったときでした。子どもが生まれたのをきっかけに家を新築することになり、2日間で10社の住宅メーカーを回ったのです。

ある大手メーカーの担当者は実によどみなくさらさらと説明をしてくれましたが、なぜか私の心には響きませんでした。

私が心を打たれたのはどちらかというと小さなメーカーさんの担当者の話。木を使った建物のよさを一生懸命説明する様子から、彼自身が自分の会社の商品に自信を持ち、愛していることが実によく伝わってきたからです。

みなさんも、自分が説明する事業あるいは商品にほれ込み、それへの「恋心」を伝えるつもりで話してみてはいかがでしょうか。自然に言葉に気持ちが入り、それは熱意として相手に伝わりやすくなります。

みなさんはNHKの「ブラタモリ」を見たことがありますか。タモリさんが、ぶらぶら歩きながら知られざる街の歴史や人々の暮らしを紹介しているのですが、タモリさん自身が「本気」で知りたがり、自分の知識にし、それをワクワクしながら話す言葉は見ている側を「私も行ってみたい」という気持ちにさせます。

テレビ東京系列の「アド街ック天国」の「街に詳しい」コメンテーター・山田五郎さんも同じ。「本当にこの街いいんだぜ」という思いが言葉にのっかっているから見る人に楽しい時間を提供することができるのです。そしてその言葉には説得力があるのです。

「好きこそ声の上手なれ」といったところでしょうか。

第一声と決まり文句をビシッと言う

熱意があるとかないとかではなく、そもそも「普通に」話すのが大変。そういう方も少なくありません。たとえば、滑舌が悪かったり、声が通らなかったりといったケース。そのままでは、相手を説得したり、交渉をうまく進めたりすることは難しいでしょう。

そういう場合には、欲張らず、まずは第一声と決まり文句に絞って、声の改善を図りましょう。「ここぞ」というところでいい声が出るだけで、全体の印象は俄然よくなります。

●第一声

みなさんが誰かと会ったときに初めて口に出すのはどんな言葉でしょうか。「おはようございます」「こんにちは」「はじめまして」「お世話になっております」といったあいさつではないですか。

前の章でも述べましたが、あいさつは大事です。そしてこの第一声がよく出ると、その後も声が出るものなのです。逆にいえば、第一声が小さくもごもごしていると、同じ調子で最後までいってしまう残念なパターンになりがちです。

第一声はスタートダッシュのようなもの。ちょっと大げさなくらい元気な声を出した方が、勢いがつき、その後は楽になります。そして気持ちよく声が出れば、相手に与える印象がよくなるだけでなく、自分自身のテンションも上がり、自信を持った話し方が可能になるのです。

●決まり文句

職種によりそのセリフは違うと思いますが、自分がふだん仕事でよく口にしているものをピックアップし、いつでもどこでもはっきり言えるように日ごろから練習しておきましょう。

ほかのトークがあまり冴えなくても、「ここぞ」というところでバシッと決めることで、説得力が出ます。

練習用のセリフを用意しました。太字になっているところで息を吐くようにして、繰り返し練習してみてください。

①あいさつ

おはようございます。

こんにちは。

いつもお世話になっております。
きょうはほんとうにいいてんき（天気）ですね。
はじめまして　株式会社ビジヴォの　あきたけともこと申します。
よろしくお願いいたします。

②訪問先のオフィスに入るとき

ごめんください。
しつれいいたします。

③依頼・約束

お手数ですがお願いいたします。
どうぞお願いいたします。
それではさんじ（3時）にお約束させていただきます。

④返事

はい。

かしこまりました。

しょう知**い**たしました。

失礼**い**たします（ました）。

⑤交渉、説得の決めゼリフ

なにか　**こ**まったことは**あ**りませんか。

それを**か**い決する**せ**い品があるんです。

じゅう5％の**コ**スト**さ**くげん（削減）が**期**待できます。

ぜん面的に**サ**ポートしますので**ご**安心ください。

せん日**ご**相談した**け**んですが、**ご**検討**い**ただけましたか？

この**プ**ロジェクト、**ぜ**ひ**へ**い社に**ま**かせて**い**ただけないでしょうか。

どうですか。あいさつと決まり文句がしっかり言えるだけで、声の印象、そしてみなさんの印象は劇的に変わるものなのです。

低音ボイスで説得力アップ

プレゼンや交渉の場で相手を説得するためには、できればいつもより低めの声を心がけましょう。

私たちは低い声に「落ち着き」や「安心感」を感じるものです。ゆっくりと語りかけることで、その言葉の重みは増し、その結果説得力も増します。

相手の目を見て話すことも忘れずに。相手の顔を見ず、書類ばかり見ていると、聞く側は「何か問題を抱えているのかも」「何か隠し事をしていそうだ」と不安になり、集中して話を聞くことができません。

低音ボイスについては第5章でも詳しくお話しします。

あいづち上手になる裏ワザ

交渉などの場では、話すだけでなく、上手な聞き手になることも求められます。そのために大事なのがあいづちです。

日本人のあいづちの多さは、欧米のビジネスパーソンなどからは「会話の妨害」「気が散る」と評判が悪いとも聞きますが、そもそも欧米と日本ではあいづちの機能が違います。

英語でのあいづちは、相手の提案などへの「同意」を意味することが多いそうですが、日本語はそうではありません。「ちゃんと聞いていますよ」「あなたの話に興味を持っていますよ」というシグナルを送っているのです。

無言で頷きもしないで話を聞いていると、「この人は私の話を聞いているのだろうか」と疑われてしまいます。

よく使うあいづちといえば「はい」「ええ」「なるほど」「たしかに」「そうなん

ですか」あたりでしょうか。これらには、話し手のリズムを保ち、その話を後押しする「合いの手」的な役割があります。

バリエーションを増やすことも大事です。

あいづちが単調になると、相手は不安に感じるものです。たとえば「なるほど」というあいづち。ここぞというときに使うのは効果的ですが、何を話しても「なるほど」と言われ続けていると、小ばかにされたような気分になりませんか。

また、抑揚をつけることで表現力とバリエーションを増やすようにしましょう。「そうなんですか」というあいづちひとつでも、抑揚のつけ方でさまざまなバリエーションが生まれてきます。

「そうなんですか」と、最初の「そう」を強く高めに言うと新鮮な驚きを表現できますが、逆に低めに言うと、相手の気持ちに寄り添うようなニュアンスが出ます。

あいづちだけでなく頷くことも聞き上手になるためには必要です。多少あいづちが下手でも、頭をコクリコクリすることで、話し手は視覚で「相手が聞いてくれている」と確認でき、心を開いてくれます。

あいづちに関して、話し方教室の講師をしている知り合いがおもしろいことを話していました。

「ハ行ではなく、ア行の母音にするだけであいづちの説得力が増す」というもの。

いくつか例を示すので、言い比べてみてください。

「はぁ〜」→「あぁ〜」
「へぇ〜」→「えぇ〜」
「ほぉ〜」→「おぉ〜」
「ふぅむ」→「うぅむ」

確かにハ行の音で始まるよりもア行の音から始まる方が、感情がこもった感じがしますし、言いやすいですね。

「ハ行」は、息をたくさん吐く言葉。音を伸ばすと間延びしてマヌケな音に聞こえてしまうのかもしれません。

声の専門家としても納得の裏ワザテクニックです。

第4章

プレゼンに勝つための声のテクニック

時代の変化の中で、いまビジネスパーソンに最も求められているスキルのひとつが人前で話す力であり、プレゼンテーション力です。

ネット社会では、商品やサービスの機能、違いについては、相手もよく知っていることが多くなっています。だからこそ、自分たちの商品・サービスの優位性をしっかり相手に理解してもらい、納得・共感してもらうことが重要です。ジャパネットたかたの高田元社長のように、自分の考えをしっかり相手に伝える力が求められているのです。

プレゼンの構成や内容については、さまざまな書籍が出ていますのでそちらに譲るとして、ここでは、緊張を和らげる方法と、効果的なプレゼンのために知っておきたい簡単なテクニックについてお話しします。

最初から「噛まない」原稿をつくる

「また噛んでしまうかも」と心配なときには、最初から「噛まない」原稿を用意しておくという奥の手もあります。

たとえば長い文などは、息を吐く場所に印をつけておけばいいですし、強調すべきところは蛍光ペンや赤線でわかるようにしておく。ただの言葉の羅列ではなく「楽譜」のようなものにしておくのです。

その際は数字にも注意しましょう。ビジネスパーソンにとって数字はとても大事なもの。取り扱う数字の数が大きくなればなるほど、一桁の読み間違えの代償は大きくなり、〝命とり〟にもなりかねません。

まずは、大きな数字は漢数字を入れた数字に書き換えます。「1,298,763,907円」ではなく「12億9876万3907円」と書いておけば、単位を間違えることはありませんね。

そして実際に口に出すときには、各位の数字の頭にアクセントを置きます。

「**じ**ゅう**に**億　**き**ゅう千**はっ**百**な**な十**ろ**く万　**さ**ん千**き**ゅう百**な**な円」

といった具合。こうすることで言う側が楽になるだけでなく、聞いている側も数を捉えやすくなります。

滑舌が難しい文は、別の表現に言い換えるなどして、原稿からなくしてしまいましょう。

特に気をつけたいのがサ行です。日本語には「仕事（を）する」「計算（を）する」などのいわゆる「スル動詞」が多く、「させていただきます」といった謙譲語もよく使われています。

ところがこのサ行、摩擦音といって、日本語の音の中でも特に発音がしにくい音。ふだんは言える人でも緊張すると言えなくなる厄介なものなのです。

特に「させていただきます」は、「さ」と「せ」が連続していることでかなりの難易度。滑舌の悪い人は避けるのが得策です。

次の2つの文を言い比べてください。

（A）「先日メールでも送らせていただきましたが、改めて今回の事業内容についで説明させていただきます」

（B）「先日メールでお送りいたしましたが、改めて今回の事業内容についてご説明いたします」

同じことを伝えているのですが、断然（B）の方が言いやすくないですか。そして（B）の方がすっきりとスマートな印象の文になっています。

原稿を事前に用意できる場合は、極力読みやすい（＝聞きやすい）原稿にして、声の悩みをカムフラージュしてしまいましょう。

本番を意識したトレーニングは必須

大事なプレゼンであればあるほど、事前の準備は念入りにしましょう。「これだけ準備したんだから」という気持ちが緊張を和らげてくれます。原稿をしっかり頭に入れておくのはもちろんのこと、声に出して何度も練習しておきましょう。練習を重ねておくことで、内容が自分のものになり、原稿に振り回されず、コントロールしやすくなります。

本番さながらのリハーサルもしておきましょう。できるだけ同僚などに見てもらい、チェックしてもらうこと。声が出ているか、早口になっていないか、聞き取りにくい箇所はないか、率直な意見を言ってもらい、修正をしていきます。本番前にほかの人に聞いてもらうことで、緊張対策にもなります。

体と顔の緊張を「ほぐす」

私たちの体は「声を出すための楽器」のようなもの。緊張して体がこわばっていると出るはずの声も出てくれません。本番前には、体を大きく動かすようにしましょう。じっと座って原稿やメモを見ていては、緊張感が増すだけです。

具体的には、ジャンプしたり、肩を上下させたり。あとは腕をぐるぐる回すのも効果的です。フィギュアスケートの選手が自分の演技の前によくやっていますね。コツは余分な力を体から〝振り落とす〟イメージです。

首や肩の筋肉は特にしっかりほぐしましょう。私がよくやるのは首回し。ただ回すだけでも効果はありますが、「あ〜」と息を吐きながら首を後ろに倒し、そこから首をぐるりと回してみましょう。首周りのこわばりが解消され、すっきり。発声練習にもなって一石二鳥です。

顔の筋肉もしっかりとほぐします。顔の筋肉が柔らかくなり、それによって舌の動きがよくなって、明瞭な発音になります。表情も豊かになり、相手にいい印象を与えることもできます。

まずは、口をゆっくり大きく動かしながら「い・え・あ・お・う」と言ってみましょう。「この顔、人に見られるとまずいな」と思うくらいゆっくりかつ大胆にやるのがコツです。「うあうあうあ　いういういう」でも試してみましょう。

営業先の会社の建物に入る前や、お客さんが来るまでのちょっとした時間、自分のプレゼンテーションの前など、実際に話さなければならない場面の直前にやるのがベスト。声が出せない状況なら、口を動かすだけでも大丈夫。効果はあります。

さて、話は少しそれますが、よく話す人には見かけが実年齢より若い人が多いように思います。よく話す人ほどしわやたるみが少なく、若々しい顔をしているのです。話すときに顔の筋肉をよく動かしていることが、影響しているのではないでしょうか。口を大きく動かして声を出すことで、アンチエイジング効果もあるとしたら、とてもうれしい話ですね。

深い腹式呼吸で緊張を和らげる

緊張したときには深い腹式呼吸をゆっくりと繰り返してみましょう。集中力が高まり、緊張を和らげることができます。気持ちを落ち着かせてくれる「セロトニン」というホルモンの分泌も促してくれるそうです。

私もセミナーで話す前や、テレビ出演の前などにはこの方法で心を落ち着かせるようにしています。あがり症の人はぜひ試してみてください。話すときの呼吸法の確認にもなります。

注意したいのは、胸式の深呼吸にしないこと。胸式呼吸では、胸が上がり、息が浅くなってしまうので「心臓バクバク」な状態に陥りやすく、逆効果です。

初心者はスピーチ台でパーソナルスペースを

プロのプレゼンを見ると、スピーチ台を置かずに話していることが多いようです。

本来はその方が話し手の動きがよく見えるし、話し手との距離も縮んでいいのですが、プレゼン初心者にはなかなかのチャレンジ。緊張を防ぐためにも、最初はスピーチ台を使うようにした方がいいでしょう。

理由は2つあります。まずは、スピーチ台があることで自分のスペースが確保できて、落ち着くこと。そして、机の上に手を置いて話すことで、緊張を和らげることができるからです。

人というのは、何かに体の一部をつけて話すと、ラクに話せるものです。机でなければパソコンでもいいし、原稿でもいいのです。そこに指を置くことで、緊張を緩和する効果があります。

「石像」にならないように注意する

プレゼンテーションの冒頭にあいさつするときには、意識的に一番後ろにいる人とアイコンタクトを取るようにします。一番遠くに視線を送ることで、あごが上がり、堂々とした印象になりますし、その後話し続ける上でも、その人を意識するようになりますから、声はもちろんジェスチャーも自然に大きくなります。

プレゼン中、じっと立ったままの「石像」にならないようにも気をつけましょう。ジェスチャーなどを取り入れることが難しいなら、頭を少し動かすだけでも、効果はあります。話しながら頭の向きを変えるのです。

セミナーなどでは私はよく受講生の近くに歩み寄ります。ボイストレーニングが正しくできているかどうかチェックできますし、一人ひとりと向き合うことで双方向のコミュニケーションが取れます。

私が動くことで受講生の視点が動き、意識をこちらに引きつけることができるという効果もあります。

話している途中での軌道修正テクニック

話している途中で緊張してしまったときには、「単語の頭で息を吐く」という意識を強めましょう。

たとえば話している途中で「あっ、緊張している」と気づいてしまい、それでさらに緊張してしまったようなとき。あとは話している途中で噛んでしまって、「しまった」と思うことでさらに緊張して早口になり、カミカミになってしまったようなときです。

私の夫は仕事柄セミナーなどで講演することが多いのですが、緊張するとどんどん話すテンポが速くなり、滑舌が悪くなってしまいます。聞き手も言葉を追いかけるのが精いっぱいになり、話を聞きながらアイデアをふくらませる余裕がなくなってしまいます。

そんなときはいつも会場の一番後ろから、大きなジェスチャーで「単語の頭で息を吐いて」「ゆっくり」とアドバイスするようにしています。そうすると、少しずつリズムを取り戻し、〝あっちの世界〟から戻ってきてくれます。

「緊張しい」の方は水の準備も忘れないようにしましょう。

話しているうちにカミカミになってしまったときなどには、咳払いでもして、あらかじめ用意しておいた水を飲むのです。「ちょっとすみません」とのどが詰まったふりをするのもよいかもしれません。あわてずゆっくりと。その間に心を落ち着かせることができるはずです。

そもそも話し続けるためには水は必需品。水を飲まないとのどが乾燥してしまい、いい声は出ません。

呼びかけ上手はスピーチ上手

話をしていて、相手が自分の話に集中していないな、と思ったときに効果的なのが「呼びかけ作戦」です。

一方的に話し続けるのではなく「みなさん、ご存じですか」「みなさん、ここが大事なんですが……」と相手の注意を引きつけます。誰だって、呼びかけられると意識をそっちに向けざるをえません。

第3章でふれた高田元社長や、元プロテニスプレーヤーで解説者の松岡修造さんはこの技に卓越したタイプ。「いいですか、みなさん」「わかりますか、みなさん」とタイミングよく呼びかけることで、相手を〝逃さない〟でいられるわけです。

2008年のアメリカ大統領選の民主党オハイオ州予備選では、最有力とみられていたヒラリー・クリントン氏がバラク・オバマ氏に敗北しましたが、そのときの両陣営のスピーチについておもしろい話を聞いたことがあります。

このとき両氏は、ほぼ同じ長さのスピーチをしたのですが、クリントン氏とオバマ氏で「みなさん」という言葉と「私」という言葉の数が大きく違っていたそうなのです。

クリントン氏は「私」というワードを「みなさん」の2倍使っていたのに対し、オバマ氏は「みなさん」という言葉を「私」の2倍も使用していたとか。オバマ氏も意図的に呼びかけの言葉を使うことで聴衆の心をつかもうとしたのかもしれません。

強調したい部分は強くゆっくりと

聞き手にしっかり頭に入れてほしい部分や言葉のところでは声のボリュームを上げ、少しゆっくりと話すようにしましょう。あらかじめ原稿を用意しておける場合には、強調したい部分にマーカーなどで印をつけておくのも便利です。

さらに言葉を強調したいときのテクニックとして、一つひとつの音を大きく強く切るという方法もあります。たとえば「ビジヴォはビジネスパーソンのためのボイストレーニングスクールです」というのを「ビジヴォは（切る）ビジネスパーソンのための（切る）ボイストレーニングスクールです」と言うのです。

最近は動画で簡単に、トップビジネスパーソンたちのプレゼンを聞くことができますから、そうした「お手本」を使って声のトレーニングをすることもできます。

オススメはシャドーイング。PCでもスマホでも構いません。その音声を流し、耳で聞いたものをそのままそっくりまねて口に出し、オリジナルの音声に影のようについていくのです。どんなところで声が大きくなり、どんなところで声が小さくなるのか、そのコツのようなものがつかめるはずです。

スピードコントロールの練習法

プレゼンのプロたちは、声のボリュームや高低だけでなく、スピードも実にうまくコントロールし、大事なところではスピードを落としゆっくりと、あるいは念押しのために繰り返したり間をとったりして話しています。

スピードを変えることでも、声にさらに表情が出て、メリハリがつきますから、聞き手を飽きさせず、話に引き込むことができるようになります。落語家さんなどはそのプロだといっていいでしょう。

スピードコントロールの力をつける方法はいくつかあります。まずは、新聞を音読する方法。新聞の一面だけでも構いません。いつもは黙読しているところを声に出して読んでみましょう。ゆっくり読んだ後は速く読んでみる。これを繰り返すうちに自分の声のスピードを自由に操れるようになっていきます。

私がよくスクールで使っているのは北原白秋の『五十音』です。簡単なトレーニング方法と一緒に紹介しておきましょう。

【北原白秋の『五十音』】

あめんぼ　あかいな　アイウエオ
うきもに　こえびも　およいでる

かきのき　くりのき　カキクケコ
きつつき　こつこつ　かれけやき

ささげに　すをかけ　サシスセソ
そのうお　あさせで　さしました

たちましょ　らっぱで　タチツテト
トテトテ　タッタと　とびたった

なめくじ　のろのろ　ナニヌネノ
なんどに　ぬめって　なにねばる

はとぽっぽ　ほろほろ　ハヒフヘホ
ひなたの　おへやにゃ　ふえをふく

まいまい　ねじまき　マミムメモ
うめのみ　おちても　みもしまい

やきぐり　ゆでぐり　ヤイユエヨ
やまだに　ひのつく　よいのいえ

らいちょうは　さむかろ　ラリルレロ
れんげが　さいたら　るりのとり

わいわい　わっしょい　ワヰウヱヲ
うえきや　いどがえ　おまつりだ

【練習法】

①ふつうの速さで読む

単語の頭で息を吐いて、明瞭に読む。

②ゆっくり読む

あえてゆっくりと読んでいく。息を多く使うのでしっかりと腹式呼吸を。

③速く読む

しっかりと息を吐き続けて読む。息を吸うタイミングを考えながら読む必要がある。吐き出した息の反動で息を吸い込むイメージ。

スピードをランダムに変えながら、何度か読んでみましょう。

プレゼン上手になるためのテクニックはいろいろありますが、最初は緊張がつきもの。まずは、聞き手の聴覚にしっかりと声を届けることに集中し、伝えたいことをきっちり伝えることが大事です。

それができるようになった上で、少しずつそこに「変化」をつけることを考えていきましょう。

第5章

カリスマたちの発声法

サッチャー元首相のボイストレーニング

「声がいい＝仕事ができる」という話は、ビジネスに限ったことではありません。政治の世界においても、トップに立つ人は声を重視しています。

アメリカの歴代大統領は、リーダーのためのボイストレーニング「プレジデント・ボイストレーニング」を受け、説得力のある声、そして話し方を常に追求しているそうです。

たとえばオバマ大統領の演説。その明瞭で響きのある声や、豊かな表現力にすっかり聞き入ってしまいますが、それはしっかりとした訓練と準備があってこそのもの。厳しい選挙戦を勝ち抜き、国民からの信頼を得るには、声を磨き、聴覚でも有権者の心をつかむことが必要不可欠だとされているのです。それに比べ、日本の政治家はアメリカからずいぶん後れをとっているように感じますね。

これには教育も関係していると私は考えています。

欧米の学校では、人前で発表する方法を教えていますし、自分の言いたいことを相手にどう伝えたらいいかを、子どものころから勉強してきています。そのため話し方や声への意識が高いのです。

ちなみに、音楽が盛んなイタリアでは、大学のカリキュラムに美声になるための講座もあるそうです。

イギリスのリーダーにも目を向けてみましょう。「鉄の女（Ｉｒｏｎ Ｌａｄｙ）」と呼ばれたマーガレット・サッチャー元首相のことを覚えていますか。

お腹の底に響くような迫力ある低めの声が印象的でしたが、実は保守党党首になる前は別人のように甲高い声でした。ボイストレーニングで低くし、そのスピーチに「威厳」を持たせることに成功したといわれています。

このエピソードは、メリル・ストリープが主演した映画『マーガレット・サッチャー 鉄の女の涙』にも描かれ、話題になりました。

インターネット上には、サッチャー元首相の声のビフォーアフターがわかる動画もアップされています。興味のある方はぜひ探してみてください。声が変わることで人の印象がどれほど変わるかもよくわかると思います。

この章では世界のリーダー、そして「カリスマ」と呼ばれる人たちの声に注目し、そこから「いい声」とはどんな声かを考えていきたいと思います。

ビジネスでは低い声が武器になる

サッチャー元首相がこだわったように、声の高さはその人の印象を左右する大きな要素のひとつです。

一般的に人は感情的に話すと高い声になり、客観的に話すと低い声になります。そのため、低い声で話した方が相手に安定した印象を与えやすく、信頼も得やすいのです。

ドラマや映画でも頼りがいのある上司、あるいはマフィアのリーダーというのは、決まって低い声（ドスの利いた声？）で話しています。

女性は違うのでは？　そんな声も聞こえてきそうですね。

確かに日本では、高めの声を好む男性が多くいます。イメージとして挙げるなら、人気アニメ『タッチ』のヒロイン「浅倉南」のような声です。男性の恋心を動かすには最適な声といってもいいかもしれません。

ただ、いつでもどこでも高い声がいいかというとそうではないのです。私自身、ふだんは高めのキャピキャピした声で話すことが多いのですが、実はその声で失敗したことがあります。

ボイストレーニングスクールを開校したばかりのころ、スクールの内容を知ってもらうためにビジネスパーソン向けの無料セミナーを開きました。

ふだん友人と話しているときと同じ高めの声で一生懸命話したのですが、セミナー後の受講申し込みはなんとゼロ。「さて、これから」と意気込んでいただけに、かなり落ち込んだのを覚えています。

「何がいけなかったのだろう」と録画したビデオを見て、すぐに「これでは誰も申し込まないはずだ」と敗因がわかりました。私の高い声には「かわいさ」はあったとしても、言葉に重みがなく、説得力がないのです。当然「この人に任せてみよう」という信頼を得られるわけはありませんでした。

2回目のセミナーでは、ピアノの鍵盤で2音分低めの声で話すことにしました。するとどうでしょう。話した内容は同じなのに、1回目とは打って変わってお客様の反応は上々。話をしている最中から、お客さんの話への集中度が違うのがわかりました。そしてセミナーが終わるや否や、次々に受講の申し込みが舞い込んだのです。

低めの声で話すことで「この女性はまだ若いが、ボイストレーナーとしての実力は相当ありそうだ」「ビジネスパーソンとしての自信に満ちあふれている」、そう思ってもらうことができたのではないかと思います。

それ以来、仕事モードと私生活モードを使い分け、仕事の際には、低めの声を心がけるようにしています。

声が低い人は年収が多い

最近のビジネスの世界では「低音ボイス」がトレンドです。

「はじめに」でも紹介しましたが、アメリカで発表された、声の高さとビジネスの成功の関係についての大変興味深い調査結果があります。

アメリカのデューク大学が792人の最高経営責任者（CEO）の男性を対象にその声の高さと収入、経営している会社の規模を調べました。その結果、低い声のCEOは、そうでないCEOよりも年収がなんと18万7000ドル（約2300万円）も多く、より規模の大きい会社を経営し、より長い間トップの座にとどまっていたというのです。

簡単にいえば、声の低い人の方が稼いでいるということ。ビジネスパーソンには聞き逃せない話ですよね。

いわゆる「モテ声」も低音ボイスへとシフトしてきています。

左はマイナビウーマンが2013年に実施した「声を聞いただけで胸がキュンとしてしまう男性芸能人」のアンケート結果です。

1位　福山雅治　50・3％
2位　竹野内豊　13・3％
3位　西島秀俊　11・5％

トップ3はいずれも低音ボイスの持ち主。大人の男性の魅力や落ち着きを感じると答えた女性が多くいました。

もちろん、声が高めの人の中にもビジネスで成功している人はいますし、魅力的な男性もたくさんいます。高い声には「若々しさ」や「エネルギッシュさ」が表れやすいという長所もありますね。

ただ、トップリーダーやカリスマと呼ばれる人たちをみると、落ち着いた低音ボイスの持ち主が多いのが事実。威厳や力強さを印象づけるには低い声の方が有利といっていいでしょう。

低音ボイスのつくり方

このように最近は低音ボイスの「利点」が徐々に知られるようになってきたわけですが、残念なことに近年日本人男性の声は逆に高くなってきているといわれています。

そのためもあるのでしょうか。最近は私の主宰するボイストレーニングスクールでも「声を低くしたい」という相談が増えてきました。

たとえば38歳のＩＴ系企業の若いＣＥＯ。若くして会社のトップに君臨しているのですが、つき合いのある周りの上場企業の社長はかなりの年上ばかり。「若いからとなめられたくない」ということで、スクールを訪ねて来られました。もともと声はいいし、よく通るのですが、「もっと声を低くすることで、説得力のある声にしたい」というのです。

ここでは自分でもできる簡単な方法を紹介しておきましょう。

声を低くするコツは、声を出すときに、胸のあたりに意識を集中することです。胸のあたりで声を響かせるようにしましょう。これを「チェスト・ボイス」といいます。胸のあたりに口があるようなイメージで声を出してみましょう。

目標とするなら、さきほどの「声を聞いただけで胸がキュンとしてしまう男性芸能人」の3人のほかに、中尾彬さんや阿部寛さんあたりでしょうか。自分の憧れの声の持ち主の声を繰り返し聞き、その人になりきったつもりで声を出すこともいい練習になります。

なお、よく響く低音ボイスは、正しい呼吸法あってこそのこと。低音ボイスを目指す上でも、腹式呼吸は基本中の基本であることを改めて強調しておきましょう。

カリスマたちの声分析

各分野の「カリスマ」と呼ばれる著名人の声を分析してみました。「自分とは何が違うのだろう」と考えるきっかけになればと思います。

【オバマ大統領】

英語話者ということもありますが、「ミスター腹式呼吸」といっていいほどの完璧な腹式発声をしています。

声の響きがすばらしく、舞台俳優のようにその発音は聞き取りやすく明瞭です。

「ハ」「マ」「バ」といった強い音やアクセントが緩急をつけた心地よいリズム感を生んでいます。

ピアノでも、歌でもそうですが、一流の演奏者というのは、巧みに緩急をつけて演奏し、聴衆を自分の世界へグイグイ引き込みます。オバマ大統領の声にはそれに近いものがあります。

【ヒラリー・クリントン氏】

英語圏のよく通る腹式発声。声の高さは低すぎず高すぎず、非常に心地よい声です。

話すときのスピードが常に一定で安定感があるので、聞き手に安心感や安定したイメージを与えます。彼女の声を聞いているとまるでプロのナレーションのようにさえ聞こえます。

【ソフトバンク社長　孫正義氏】

声に強弱があり、安定感があります。息の使い方がうまく、感情をうまく声にのせています。そのため、声の高さにあまり変化はありませんが、たんたんとした印象がなく、聞き手を飽きさせません。

また語尾をダラっとせずしっかり止めている点も見習いたいところです。シンプルで力強いメッセージとなり、説得力が増します。語尾を止めることで子音が立ち、滑舌がよく聞こえます。

子どものころの話など、相手に話に入り込んでほしいときなどに、タメや間（ま）をうまく使っています。タメがあると、聞いている方も「ん？」と息を呑むような感じになり、次の話の展開が待ち遠しくなるという効果があります。

【楽天会長兼社長　三木谷浩史氏】

ストレートに聴覚に入ってくる、よく響く声です。発音がとてもクリア。英語圏で暮らした経験があることも影響しているようです。

強弱や抑揚はあまりありません、そのためクールでクレバーな感じがします。孫氏のように人柄が出るタイプではなく、人を寄せ付けないような雰囲気があります。反対にいえば「威厳」があり、オーラを感じさせるタイプの声です。

【イチロー選手】

女性が好む「モテ声」の要素がいくつも当てはまっています。

まずは、落ち着いた優しい口調で、相手を安心させる声です。速度も一定で相手に穏やかな印象を与えています。

声が感情に左右されたり、テンションが急に下がったりすると、相手に落ち着きのないイメージを与えてしまうものですが、イチロー選手の場合はそうした面が見受けられません。

こうした「変わらない安定感」は、信頼や説得力につながるもの。彼の人柄が愛される理由のひとつかもしれません。

さらに、日本人にしては声にとても響きがあるのも特長。体は楽器と同じ役目を果たします。長身かつ、鍛え抜かれた体全体に声が共鳴していると思われます。


【渡辺謙さん】

日本人の中ではかなりの低音ボイス。声自体に響きがあり、いわゆる「重厚感」のある声です。

国際的にも活躍している俳優さんですが、英語で話すときにはさらに腹式の息が強くなり、より響く声になっています。

ホリエモンの声が激変したワケとは

さて、最近メディアへの露出が増えているのが堀江貴文さん。いろいろと世間をにぎわしたころより、穏やかで親しみやすいイメージもありますね。

実はホリエモン（親しみを込めてそう呼ばせていただきますね）の声を分析するとおもしろいことがわかります。野球球団や放送局買収などでその一挙手一投足に注目が集まっていたころと今では、その声に大きな変化があるのです。

若いころのホリエモンの声といったら、本当にチャライ印象。高い声でとにかく早口。「俺の話がわからないやつはバカだ」といわんばかりのワンマンな話し方をしていました。

ところが今は声の高さがピアノの鍵盤で1・5音ほど低くなり、腹式のよく響く声に変わっています。

また、話すスピードも（場面にもよりますが）以前に比べかなり遅くなったように感じます。

そもそも頭のいい人というのは、考えるスピードが速く、その分話すのも速くなりがちです。ホリエモンもその典型的な例で、かつてはとても早口だったのです。

もちろん頭のキレが悪くなったとか、そういうことではないですよ。

これは「相手を思いやる気持ち」から生まれた変化だと私は感じています。以前とは違い、相手が理解し、ついてくるのを確認しながら話しているからです。

そう考えると、彼がいま再び脚光を浴び、若い人たちの心を掴んでいるわけがわかるような気がしますね。

第6章

部下がぐんぐん伸びる声

部下を教育するのも、ビジネスパーソンの大事な仕事。一緒にわいわいやるのもいいですが、ときにはビシッと締め、ときには背中を押し、ときには諭す。メリハリのある態度で部下と接したいものです。

この章では、「叱る」「ほめる」「励ます」「諭す」に分け、それぞれのシーンでの効果的な声の使い方を考えていきましょう。

叱る① 叱れない上司が増えている

叱れない上司が増えているそうです。「最近の若手社員はプレッシャーに弱く、叱られ慣れていないから」「チームの雰囲気が壊れるから」「辞められると困るから」「パワハラになりかねないから」「嫌われたくないから」といったところがその理由でしょうか。

しかし、社外で活躍する人材というのは、まずは社内で育てなければならないもの。部下の成長のためにも、部下の誤りや正すべきところを指摘し、意識や行動の変化を促してあげることは大事な上司の役目ではないでしょうか。

一方で、若手社員の中には、叱られないことで「上司は自分に関心を持っていないのかも」と危機意識を持っている人もいるようです。

叱ることは、部下の成長を促す前向きなコミュニケーションです。だからこそメールですませるのはNG。文字では気持ちは伝わりにくいものです。しっかり顔を見て話すようにしましょう。

叱る② 「叱る」と「怒る」は違う

叱るべき場面でみなさんの心にブレーキをかけるもののひとつが「パワハラ（パワーハラスメント）と言われないか」という危惧ではないでしょうか。

そのためにもぜひ知っておきたいのが「叱る」と「怒る」の違いです。

みなさんが部下を叱るのはどんなときでしょう。部下が社内ルールや基準から逸脱した行動をとった。あるいは、業務上のミスがあったり、仕事への取り組みが甘かったりするときではないでしょうか。

そこで、部下にその謝りを指摘し、納得させ、正しい方向に導く。それが「叱る」です。つまり、「叱る」は相手の成長を促す行為。自分の失敗を悔いて落ち込んでいる部下の場合は「叱る」ことで、前を向かせる、ゼロに戻してあげるという意味を持つこともあります。

一方の「怒る」は、腹立たしさに任せて自分の感情を爆発させる行為。散々言っても変わらない部下に緊張感を与えたり、ことの重大さを認識させたりする効果もありますが、基本的には自分本位な行為です。

部下に「パワハラ」ととられないために、怒らずに叱ることを心がけましょう。そしてそこで大事なのが「人間性を否定しない」ということです。

使ってはいけないのが、「そもそも」あるいは「大体君はさあ」といったセリフ。「何に対して叱っているのか」をしっかり頭に入れ、そこから話を広げないように。以前のミスや日常的な態度、姿勢にまで話が及ぶと、部下の人間性そのものを否定することになってしまいます。

「職場のパワーハラスメント」の典型的な行動類型

①暴行・傷害（身体的な攻撃）
②脅迫・名誉毀損・侮辱・ひどい暴言（精神的な攻撃）
③隔離・仲間外し・無視（人間関係からの切り離し）
④業務上明らかに不要なことや遂行不可能なことの強制、仕事の妨害（過大な要求）
⑤業務上の合理性なく、能力や経験とかけ離れた程度の低い仕事を命じることや仕事を与えないこと（過小な要求）
⑥私的なことに過度に立ち入ること（個の侵害）

（「職場のパワーハラスメントの予防・解決に向けた提言」平成24年3月15日・厚生労働省）

叱る③　腹式呼吸の低めの声を心がける

叱るときには、なるべく短く、簡潔に。だらだらねちっこく話せばわかるというものではありません。

相手の目を見て、腹式呼吸を心がけ、相手の聴覚に確実に届く声でゆっくりと話しましょう。噛みにくくなるという効果もあります。

声の高さは心もち低めが○。落ち着いた声で語尾までしっかり言い切ると言葉に重みが出ます。

部下が自分のミスを認め、納得し、反省しているようなら、「今度はしっかりね」「期待しているよ」と次につながる言葉で締めましょう。

そのときは声のトーンを上げ、明るめに言うのがコツです。低く暗い声で終わってしまっては、部下の気持ちも下向きのまま。なかなか前に進めません。

叱る④　ピリピリ声のつくり方

何度言っても改善が見られない部下にはどう接していったらいいのでしょうか。粘り強く叱り続けてもまったく気にしていない様子のとき、「ことの重大さがわかっていない」と感じたときには、あえてピリピリした雰囲気で部下に接するといいと思います。

コツは抑揚をつけないこと。淡々と同じ声の高さで話すこと、つまり無表情な声を出すのです。実は私の主人も怒りがあるラインを超えると、この作戦に出てきます。大きな声で怒鳴られるよりも「相手にされない」と感じる方が、切迫感があり、効果的です。

では、実際に声に出して「ピリピリ声」の練習をしてみましょう。

「今月のノルマも達成できていないよね」
「このままだと何も結果が出ないことになるけど、その辺の自覚はあるのかな」
「社会人としてどう考えているの」

ピリッとした感じ、出ましたか。落ち着いた低めの声で、相手の目をしっかりと見据えて言うとより威厳が出て効果的です。語尾は上げずにお腹から声を出すようにしましょう。

何かの行動を叱るというわけではないけれども、上司を上司と思わないような言動が目につくときもあります。そんなときには短く、でも重いセリフで部下にぴりっと緊張感を与えましょう。

たとえば、「そうっすよね、部長」といった感じで、ふざけた感じの物言いが目に余ったときには、低い声でゆっくりと「それで」とだけ言う。あるいはゆっくりと抑えたトーンでこう言うのもいいかもしれません。

「あなたは私のことをなんだと思っているのですか」

言葉遣いをあえて丁寧にした方が冷たい感じがするのです。

ほめる①　ほめるときの声は高めに

最近は「ほめて伸ばす」コーチング法が流行っています。相手の欠点や短所に目をやるのではなく、よい部分を探し出し、ほめることによってやる気を引き出してあげるというもの。部下の教育に限らず、子どもの教育でもこうした考え方をよく耳にします。

ほめるときには明るい声を心がけます。表情も明るめに。口角を上げることで声のトーンも上がり、自然に声が明るくなります。

私の愛読書である『ほめ言葉ハンドブック』（ＰＨＰ文庫、本間正人・祐川京子著）から、正しいほめ言葉の六原則と、ほめ上手になるための４つの心がけを引用しましょう。

正しいほめ言葉の六原則

①事実を、細かく具体的にほめる
②相手にあわせてほめる
③タイミングよくほめる
④先手をとってほめる
⑤心を込めてほめる
⑥おだてず媚びずにほめる

ほめ上手になるための4つの心がけ

①ほめる要素を探す
②ほめ方のレパートリーを増やす
③力加減をコントロールする
④あきらめずに実践する

詳しくは同書をぜひ手にとってご覧になってほしいのですが、私からは「ほめ方のレパートリーを増やす」について少しヒントをお話しします。

短いほめ言葉に気持ちをのせるには、2音目をぐっと高く言う方法があります。その上げ幅が大きければ大きいほど、気分が高揚した感じを演出でき、その言葉に驚きの表情が出ます。

「すごいじゃないか」だったら、「ご」で声を高く言うのです。ふつう、少し高め、思い切り高めの3段階で言い比べてみてください。思い切り高めにすると、ほめ言葉にびっくりマーク「！」がつくような効果があります。

実際に声に出して、その違いを比べてみてください。

す**ご**いじゃないか
や**る**じゃないか
う**れ**しいよ
お**ど**ろいたよ

ほめる② 語尾で表情をつける

ほめているつもりなのに、部下がそう感じてくれないのは悲しいものです。「怖い」という印象を与えてしまう人のほとんどは、声質に問題があるのではなく、話し方、特に「語尾」の使い方に問題があります。

カッコ内の指示に従って次の2つの文を言い比べてください。

①「がんばったねぇ」(語尾に少しだけ余韻をもたせる)
②「がんばったね(↗)」(語尾を少し上げる)

①は癒し系でほめたいときにいい方法です。下げ気味(↘)に語尾を少し長く伸ばす感じ、②は心から共感する感じが伝わる言い方です。
②をさらに元気よくほめるには、語尾に小さい「っ」を入れ、より上げ気味に言うと効果的です。
ただ、語尾の「ねっ!」をいつも強く発声すると、冷たく怖いイメージを持たれてしまうこともありますので、あえて効果を狙うとき以外は抑えるべきでしょう。

たかが語尾、されど語尾——。最後の1音を上げ下げするだけで、その場に適したいい話し方に変わるのです。

ほめる③　ほめポイントをためておく

部下が自信を持って仕事に取り組めるようにするには、何もあらたまってほめるだけが手ではありません。日ごろからちょっとした感謝の言葉をちりばめておくことも効果的です。

たとえば「ありがとう」や「助かる」などの言葉。頼んだコピーを持ってきてくれたとき、残業を頼んだときに、こうした言葉を一言加えるだけで、部下は「役に立っている」「感謝されている」と感じますから、それはほめるのと同じ効果があるということです。

いざというとき、ミーティングのときもそうですし、失敗して落ち込んでしまったとき、あるいは飲み会で隣に座ったときもあるでしょう。そんなときのためにほめ言葉を〝ためておく〟のもよいと思います。
ふだんの様子をしっかり見て、「最近○○に力を入れている」「○○していたのがとてもよかった」とほめポイントをメモしておくのです。そう意識していると、ほめポイントに限らず部下のいろいろな面が目につくようになり、コミュニケーション全体が円滑に進むようになるはずです。

最後に『ほめ言葉ハンドブック』から、部下の成長に〝効く〟ほめ言葉をピックアップしました。自然に口から出るように練習してみましょう。

●一生懸命に取り組んでいる相手に使う効果的なほめ言葉

「行動力があるね」
「いつも一生懸命だね」
「努力家だね」

●知的能力・人間関係能力の高さをほめる

「決断力があるね」

「アイディアが豊富だね」

「話がわかりやすいね」

「人を惹きつけるね」

「一緒にいると楽しいよね」

同書には、相手や状況に合わせた役に立つフレーズが、わかりやすく整理、収録されています。みなさんもぜひ参考にされてみてはいかがでしょうか。

励ます① 落ち込んでいる部下を励ますときは声に感情を込める

励ます場面にもいろいろありますが、まずはトラブルやミスなどで落ち込んだり、自分に自信をなくしたりしている部下の背中を押してあげたいとき、声をかけてあげたい場面での話し方を考えます。

何を言うか、そしてどのタイミングで言うかは非常に難しい問題です。「頑張れ」という同じ言葉でも、その相手によって励ましになる場合もあれば、余計なプレッシャーを感じてしまう場合もあります。精一杯やっているのにさらに「頑張れ」と言われることで、さらに落ち込み、その言葉が負担になる場合もあるからです。

そしてその言い方にも注意が必要です。「わかってあげたい」という気持ちで寄り添い、やさしく声をかけましょう。あえて吐く息の量を減らして小さい声で話します。

早口になるとぞんざいな感じがしてしまうのでNG。ゆっくり落ち着いて話します。

励ます②　背中をポーンと叩きたいときは松岡修造風に

これから大事なプレゼンがある、これから大きなプロジェクトに取り組む。そんなときの励ましのお手本が元プロテニスプレーヤーで解説者の松岡修造さんです。彼に「できる、できる、君ならできる！」と背中をポーンと押されたら、本当に何でもできそうな気がしませんか。

魅力はなんといってもあの声です。腹式のよく通る声。滑舌もよく、明るく、ハキハキとしています。みなさんも部下にパワーを注ぎたいときには、思い切りテンションを上げて、大きな声で励ましましょう。

言葉に勢いをつけるテクニックとして、語尾に小さい「つ」を入れる方法もあります。「いけるよ」ではなく「いけるよっ」、「大丈夫だよ」ではなく「大丈夫だよっ」といった具合です。

諭す　説得するときはビシッと言い切る

仕事においては、正しいことがいつも正しい結果を招くとは限りません。理不尽なできごとがあったときに、真剣さとその若さのために部下がヒートアップしてしまうことがあります。そのエネルギーにうまく対応し、コントロールできるかどうかも上司としての力量が問われるところです。

まずは冷静になって部下の言い分を聞き、部下が感情的になっている理由を聞きましょう。話を親身になって聞くだけでも部下の気持ちをおさめることができることは多いものです。そして、部下の不満に対して、相手が納得できるように丁寧に話します。

そうした場面では、もやもやした表現、モゴモゴした口調はこちらの「迷い」と受け取られかねないので、明確な言葉で、はっきりと最後まで言い切ることが大切です。「気持ちはわかるけど」といったクッション的な言葉も使わないようにしましょう。

理想の上司像は低めの美声ぞろい

最後にイマドキの新入社員が考える「理想の上司」を見てみましょう。産業能率大学が発表した2015年の「理想の上司」ランキングによると、男性上司でトップに輝いたのは松岡修造さんで、2位が池上彰さん、3位がイチローさんでした。女性では1位天海祐希さん、2位ベッキーさん、3位水卜麻美さんとなっています。

トップ3に入った顔ぶれをみると、みなさん見事に腹式呼吸。たとえば男性をみると松岡修造さんとイチローさんの声のよさはすでに述べた通り。2位の池上さんも、さすが「テレビの人」、ニュース解説が得意なだけに緩急、強弱のコントロールが抜群で説得力があります。

女性も声の響きが非常にいい3人がそろいました。天海さんは宝塚出身とあって、声楽で鍛えた豊かな響きのある声が魅力。そして低音ボイスが大人の余裕を感じさせます。

トップ3に限らず、今回の女性のランキングをみると、仲間由紀恵さんや滝川クリステルさんなど、落ち着いた低音ボイスの持ち主が支持されていることがよくわかります。

理想の上司は美声ぞろい。

順位	男性上司	女性上司
第1位	松岡修造	天海祐希
第2位	池上　彰	ベッキー
第3位	イチロー	水卜麻美
第4位	長谷部 誠	仲間由紀恵
第5位	阿部 寛	米倉涼子
第6位	城島 茂	真矢みき
第7位	水谷 豊	真木よう子
第8位	上田晋也 タモリ	篠原涼子 深田恭子
第10位	博多大吉	滝川クリステル

「2015年度 新入社員の理想の上司」産業能率大学

「いい上司になりたければ、声を磨くべし」ですね。

第7章

謝罪の効果が上がる声のトーン

謝罪代行業はなぜ必要？

コンビニの店主が客に土下座させられたり、電力会社のお偉方が頭を下げたりと、最近は謝罪のニュースがよく流れます。

もちろん大きな間違いをしたり、人に迷惑をかけてしまったなら、謝らなければなりませんが、ささいなミスを大げさに取り上げて文句をつけ、「さあ、謝れ」と要求する「クレーマー」が増え、接客の仕事をしている人たちを悩ませることもあるようです。

最近は「謝罪代行」をしてくれる業者も出てきているとか。トラブルの相手先に同行して一緒に謝ってくれるそうですが、こうした仕事が出てくるということは、それだけ謝罪を苦手に感じている人が多いということですね。

この章では、この「謝罪の時代」を生き抜くために知っておきたい謝罪のための声ワザを紹介していきます。

心からの謝罪と表面的な謝罪がある

謝罪には心からの謝罪と表面的な謝罪があります。

心からの謝罪、つまり全面降伏の謝罪の場合は心の中のものがそのまま表面に出ても問題はないですし、むしろその方が真摯に謝罪している感じがします。問題は表面的な謝罪です。

たとえばクレーマー対応はその典型的な例。「ここまで謝る必要性はないはずなのに」と思いながらも、相手からは心からの謝罪を求められているので、自分の思いに反して頭を下げなければなりません。しかも大変なのは、それが表面的な謝罪のように見えないことが大切です。

謝罪される側は、相手の言葉や声のトーン、表情などから、心からの謝罪なのか、それとも表面的な謝罪なのかを見極めようとします。だからこそ厄介なのです。

語尾と「納得いかないこと」は飲み込んでしまう

コールセンターの企業研修などでよく聞くのが、「謝ったのにその謝り方が悪いと言われる」という悩みです。

本人はしっかり謝ったつもりなのですが、相手には「淡々としていた」「気持ちがこもってなかった」と言われてしまうというのです。

実は電話で謝るというのは難しいこと。どんなに申し訳なさそうな顔をしても相手にはその顔が見えていません。表情が見えない電話では「ちょっとやりすぎかも」と思うくらい大げさに謝る必要性があります。

そこで大事なのは声の使い方です。

一つひとつの文の語尾を飲み込むようにすると反省している感じが伝わります。文の終わりに向けて声を小さくしていき、最後の音が聞こえなくなるくらいのイメージです。

「そんなことというけどお客さん……」という納得できない思いも、語尾と一緒に飲み込んでしまいましょう。

語尾を強く言ったり、語尾に小さい「つ」を入れてはいけません。「すみませんでしたっ」「ごめんなさいっ」と元気よく謝っても、ふざけた感じがするだけです。

声は腹式で、いつもより心もちゆっくり話すようにします。胸式でモゴモゴ言われると、相手はさらにイライラし、怒りを増幅させてしまいますから。

相手の言い分によく耳を傾ける

相手が苦情や文句を言ってきたときには、まずはその言い分に耳を傾けましょう。相手が話している途中に反論をしてはいけません。言い分はあると思いますが、まずはじっくりと相手が何に怒っているのか、どうしてほしいのかに耳を傾けることが大事です。

あいづちもしっかり入れます。聞いているというサインを送らないと「話もろくに聞いてくれない」という怒りも加わり、「消火」できなくなってしまうからです。

「そうですか」「わかります」「ええ」など流れを推し進める言葉を選びましょう。

クレーム対応の場合、あとで報告書などを書くこともあるかと思います。相手が何に不満を持っていたのかをしっかり理解し、次につなげるくらいの気持ちでいたいものです。

長いレポートを書くつもりで、相手の話をしっかり聞いていれば、自然にいいあいづちも出てくるものです。

口先だけと言われないテクニック

不本意ながら頭を下げるしかない。そんなときに不本意さ全開で謝っても怒りに油を注ぐだけ。「なんだその失礼な謝り方は」と求められる謝罪のレベルが高まるだけです。

特に注意したいのが男性。みなさんの中にも奥さんや恋人に「なにその謝り方。口だけじゃないの」と責められたことがある方が多いのではないでしょうか。私の意見ですが、男性は女性に比べ、その手の演技が下手な気がします。

そこでどうするかですが、まずは語尾をだんだん小さく、飲み込むようにします。抑揚をつけないで言うといかにも口先だけという感じがするので気をつけましょう。

口角を下げると声の感じが暗めになります。

では、謝罪の基本フレーズで練習してみましょう。

「申し訳ありませんでした」
「申し訳ございません」
「ごめんなさい」
「お詫び申し上げます」
「ご迷惑をおかけしました」
「ご心配をおかけしました」

相手の目を見て謝るのが本来基本ですが、「なんで謝らなきゃいけないんだ」と気持ちがコントロールできなくなったときには、「ちくしょう」という思いで目をギュッとつぶって我慢します。「この人本気で謝っている」と、いい勘違いをしてくれることがあります（ばれない程度の自然さは必要です）。

なお、クレーム対応などで、「肝に銘じます」「今後二度とこのようなことがないように気をつけます」など、強い反省を示す必要があるときには、相手にその意思をしっかりと伝えなければなりません。語尾を弱めず、最後まで言い切るようにしましょう。

さりげなく言い分を挟み込む「サンドイッチ謝罪術」

「つべこべ言わずに謝る」が基本ですが、「やむを得ない事情があった」あるいは「相手にもけっこう落ち度がある」というような場合には、一言言わずにはすまないこともありますね。

そんなときには、謝るという体裁をとりながらも、自分の言い分も挟み込めるサンドイッチ謝罪術を試してみる手もあります。

とにかくまずは謝り、その後「先日の台風の影響もあり納品が遅れたのもありまして」「実は御社からの連絡が予定より遅れておりまして」などと、さくっと自分の言い分を入れます。ここを長々と言うと、「謝っている」という大枠が崩れるのでとにかく簡潔に。

その後は再び「こちらの都合でこんな事態になり、申し訳ございませんでした」などと謝り、自分の言い分を謝罪でぴたっと挟み込んでしまうのです。少しでも自分の言い分を口にすることである程度気がすむはずです。

ただし、これはかなりの上級ワザ。失敗すると「結局、言い訳が言いたかっただけじゃないのか」と責められかねないので、気をつけましょう。

全面降伏の謝罪テク

どう考えても自分の側に非があるというときは、謝罪のセリフを入念に考えて、その原稿をこねくり回すよりは、「申し訳ない」という素直な気持ちをそのまま口に出した方がうまくいく場合が多いようです。

実は、私のスクールに通っている某人材派遣会社の社長がある失敗で、謝罪会見を開いたことがあります。テレビでもその様子は放送されたのですが、「本当に申し訳ございません」と頭を下げるその社長の姿には好感が持てました。原稿もなく、うまく取り繕うという態度が見えなかったからです。

声はクリアではないし、とちって噛んだりもしているし、私がふだん教えている「いい声」とはかけ離れていましたが、その自然な感じからは誠意が伝わってきました。

あまり理路整然と謝られると、人はカチンとくるものです。特に頭の回転のいい人、理系脳の人などは気をつけましょう。

「理路整然と話すな」というのは、非常に難題ですが、せめて話しすぎないように、そして早口にならないように気をつけるべきです。

第8章

上級編！　状況に合わせて声を変えよう

いよいよ声テクの上級編！　この章では状況や場面に合った声の出し方を中心に紹介していきます。

1．講演編――「動き」で聴衆を寝かせないテクニック

まずは講演編。第4章ではプレゼンのテクニックを紹介しましたが、ここではその上級編として、講演はもちろん、セミナーやちょっとしたスピーチなどでも役に立つテクニックを紹介します。

ところで、プレゼンと講演は何が違うのでしょうか。

プレゼンの目的は聞き手に行動（決定、購入など）してもらうことですが、講演には、ストーリー性のある話で聞き手の感情を揺さぶる、そんなイメージがありませんか。

どうしたら、聴衆の感情を揺さぶることができるのか。声や顔の表情、視線、

身振り手振りなど、ノンバーバルコミュニケーション（非言語的コミュニケーション）の側面から考えていきます。

動きのない講演は「子守唄」

テレビ講座や通信制大学のテレビ授業。どこかの大学の教授がただひたすら原稿を読んでいるだけのものも見かけます。

「え、これ、静止画像？」と思ってしまうほど動きがないし、そういう教授の話し方ってたいていが一本調子。私だったら速攻で寝てしまいますね（笑）。授業の内容を頭に入れるのなんてもちろん無理です。

これ、講演でも同じですよね。単調な話し方で、体にも動きのないスピーカー（講演者）では、視覚や聴覚への刺激が少なすぎて、コクンコクンと次々に意識を失っていきます。

聴衆を寝かさないためには、声にも体にも「動き」が絶対必要なのです。

マイクテストで後方席の人とコミュニケーションを取る

第4章では、一番後ろにいる人とアイコンタクトを取る方法を紹介しましたが、人数が増えても基本は同じ。最初のあいさつのときに一番遠くまで視線を持っていくことで、会場全体を見渡す意識を持ちましょう。

これには、自分の担当範囲を把握する意味もあります。「私はあそこに座っている人たちにまで声を届けるぞ」「これだけの人の心を掴むんだ」と覚悟ができるからです。

自然にそれができるのがマイクテストです。「すみません、後ろの方、聞こえますか?」と声をかけましょう。

自然な形で後方を見ることができます。そして聞き手はこう思うのです。

「このスピーカーはなかなか気配りがある」と。

マイクに頼りすぎない

マイクテストの話をしましたが、マイクに頼りすぎてはいけません。

マイクを使うことで、腹式呼吸をさぼってしまい、声に無頓着になってしまうスピーカーが結構多いのです。

マイクは、小さな声でも拾って、大きい声にしてくれる便利なものです。それゆえ私たちは「マイクがあるから小さい声でいいや」と楽をしようとします。

その結果、多くの人が間違った呼吸法で話してしまいます。なぜなら、腹式呼吸で小さい声を出すというのは大きい声を出すよりも難しいことだからです。

せっかく腹式呼吸を覚えたのに、マイクを持った途端に胸式寄りの間違った発声法に戻ってしまう。そういう人はとても多いのです。

マイクを使うことで声は確かに大きくなりますが、発声法が間違っていますから、相手の聴覚によく響く周波数の声にはなりません。滑舌だって悪くなってしまいます。

さらに怖いのは、この胸式寄りの発声を長時間続けていると、のどに負担がかかりすぎ、声が枯れたり、声が出なくなってしまうことです。講演家やセミナー講師には致命傷です。

できるなら、事前に会場に足を運び、マイクが必要かどうか、そしてマイクを使わない場合はどれくらいの声の大きさが必要かをチェックしておきたいものです。

私の生徒の中には、腹式呼吸を心がけるために、はじめの自己紹介やあいさつのときだけはマイクを使わず、腹式発声の感覚をつかんでから、マイクを使うようにしている方もいらっしゃいます。なかなかいい方法だと思います。

目線を動かす方法

話しているときの目線はどうしたらいいでしょうか。

もちろん、原稿やメモを見てばかりではNG。自分たちを見ようともしないスピーカーでは、聴衆の「聞こう」という意欲はシュルシュルとしぼんでしまいます。

よく聞くのが、会場全体に8の字を描くように目線を動かすとか、Zの字に視線を動かしていくという方法。会場全体に目を配ることができます。目を動かすことで自然に頭も左右に動くようになりますから、「静止画像現象」は避けることができますね。

ただし、目線の動きはあくまでもゆっくりと。速すぎるとせわしない印象になってしまいます。

右に左に歩いて、聴衆の目線を動かす

世紀のプレゼンターといわれたスティーブ・ジョブズ氏。インターネットでそのスピーチをご覧になった方も多いのではないでしょうか。

ジョブズ氏はステージ上で右に左によく歩きました。とはいってもただただ歩いてばかりではダメですよ。それでは檻の中のトラのようになってしまいます。

たとえば話の内容が少し変わるタイミングで、「よし左側に座っている人に話しかけてみよう」「右側の人も話を聞いてくれているかな」と、場所を移動してみましょう。聴衆の目線も一緒に動くはずです。

目線を動かすことは脳の活性化にもつながります。会場が眠気に襲われていると思ったときに試してみるのもいいでしょう。

ボディランゲージは形容詞から

日本人はボディランゲージが苦手です。

これには形容詞が豊富という日本語の特性も関係しているようです。細かいニュアンスも言葉だけで表現できるので、ジェスチャーで補完する必要がないという専門家もいます。

私の友人に日本語教師をしている女性がいるのですが、その友人によると、上級レベルのクラスに比べ、初級レベルの学生のクラスで教えているときには「自分は日本人か？」と疑いたくなるほど、ジェスチャーが大きくなるそうです。それは使える語彙《ごい》が少ないから。言葉だけで伝わらない部分をジェスチャーでカバーする必要があるからでしょうね。

逆にいえば、ジェスチャーは私たちの話をより表現豊かにしてくれるということ。人の心を動かしたいときにはとても便利なものだといえるのです。

一番の理想は自然体でジェスチャーが出ることですが、最初はなかなかそうもいかないでしょう。まずは、簡単な形容詞、たとえば「大きい」「小さい」「長い」「短い」といった言葉に合わせて手を動かすことから始めてみてはいかがでしょうか。

ただし、ジェスチャーばかりに気をとられ、声の出し方がおろそかにならないように。しっかりお腹から声を出すことも忘れないようにしましょう。

手を脇腹にスタンバイさせる

話すとき、みなさんの手はどこにありますか。

ときどき後ろに手を組んで話す人がいますが、いい印象はありません。軍隊の上司が部下に命令しているような威圧感を感じる人もいるようです。

無難なのは手をぶらんと下げておく、あるいは前で手を組むといったところでしょうか。

私の場合は腕を軽く曲げ、脇腹につけていることが多いです。イメージとしては「駆け足用意」のポーズです。

このポーズが気に入っているのは、手がすぐに動かせるからです。特に手を前に差し伸ばすジェスチャーがしやすいのです。

たとえば、誰かを指名するとき。その人に近い方の手の平を開き、その人の方向に手を差し出すのですが、手を下げている場合に比べ、スムーズに動きがとれます。

カウントするジェスチャーや、「高い」「低い」、あるいは両手で「×（バッテン）」の形をつくるのも簡単です。

すぐに動かせるところに手をスタンバイさせることで、ジェスチャーをすることへのハードルを下げることができます。

手を差し出すと腹式呼吸になりやすい

大事なポイントを話すときなどに、声に勢いをつけたい場合には、スタンバイしていた手を前に差し出すジェスチャーをしましょう。腹式呼吸のいい声が出るようになります。

たとえば私がセミナーなどで腹式呼吸を促すときは、よく内から外に円を描くようにして手を前に差し出すようにします。

姿勢がよくなり、空気がたっぷりと肺の中に入り、正しい呼吸法で勢いのある声を出すことができるからです。

山場では眉を上げて目をカッと開く

話の山場に来たら、眉や上まぶたをグッと上げるようにして、目を見開きましょう。より響きのある声が出るようになります。

試しに、ふつうの顔で「そうなんです」と言った後、目をカッと見開くようにして「そうなんです」と言ってみてください。自然に声が高くなり、よく響く声が出ませんか。

目に上向きの力が入ることで、口腔や目と鼻の間の鼻腔のスペースが広がります。それで声が出しやすくなり、響きが出るのです。

強調したい部分であえてボリュームダウンする方法も

第3章の基礎編では、強調したい部分で声を大きくする方法を紹介しました。次はボリュームダウンする上級テクニックも使ってみましょう。

不思議なもので、聞き手は声が大きくなったときだけでなく、突然声が小さくなったときにもスピーカーに集中するものです。

その際に一緒に使いたいのが、「実はここだけの話ですが」「それが、聞いてください」「今だけの話なんですが」「みなさんだけに話しますが」といった前置き。聞き手は「何か特別の話をしてくれそうだぞ」と身を乗り出すようにして聞いてくれるはずです。

理解を促す「思いやりの間」

人を引きつけるスピーチができる人は「間」をうまく利用しています。間の取り方にはいろいろバージョンがありますが、まずは相手に理解してもらうための間について知りましょう。

この間には、聞き手の理解が追い付くように待つ意味があります。いわば「思いやりの間」です。文章を書くときには段落をつけますが、それと同じように話が一区切りついたところで、間を取るのです。

聞き手が心理的にあまり負担を感じずに新しい情報を処理できるのは、せいぜい3文くらいだともいわれています。

スピーチの成功は聴衆の理解があってこそのもの。マシンガントークでは聞き手も追いかけるのに疲れ切ってしまいます。

なお、この場合の間の長さは、机に手を置き、トンとやるくらいがちょうどいいでしょう。時間にして1秒くらいです。

ざわついたら「注意を引く間」

「注意を引く間」もあります。

小学校のとき、教室がざわざわ落ち着かなくなると、「静かにしなさい」と大声を張り上げるのではなく、急に黙り込む先生がいました。

ずっとしゃべっていた先生が急に黙ると「どうしたんだろう」「本気で怒らせ

てしまったかも」と気になり、全員が先生に注目し、教室が一気に静まり返ったものです。

スピーチの途中でもこの方法はかなり使えます。話をしている途中に突然スピーカーが沈黙することで、聞き手は不安な気持ちになり、スピーカーに気持ちを集中します。

聴衆の集中力が切れたかなと思ったとき、会場がざわついたときに効きめがあります。

ここぞというポイントで「もったいぶりの間」

ここぞというポイントの前にも間をとりましょう。

たとえば「今から一番大事なポイントをいいます。……（間）……それは声と美容の関係です」といった感じです。

間があることで、その後に話すことのインパクトが強くなります。

スティーブ・ジョブズ氏も、聴衆の気持ちが乗ってきたところで、かなり長い間を入れていました。聞き手としたら「もったいぶらないで」といったところでしょうか。そして聴衆が「あぁ、もう我慢できない。早く聞かせて」というタイミングで、一気に話をクライマックスに持っていくわけです。

芸能人ブログなどには、やたらと行間をあけているものがありますが、あれとよく似ています。画面をスクロールさせることで「間」をつくっているのです。

短いフレーズはインパクトがある

ひとつの文がダラダラと長くならないようにしましょう。

聞き手の頭に話がすんなり入っていきません。話している方も何を言いたいのかよくわからなくなるという事態に陥りがちになります。

次の（A）、（B）を読んでみてください。

（A）日本に来る外国人が昨年度は1300万人を超えましたが、それに伴って英語の必要性を感じる場面が増え、英会話学校の生徒は増えています。

（B）日本に来る外国人が増えました！
昨年度は1300万人を超えました！
そうすると英語って大事だと思いますよね！
英会話学校は大繁盛です！

（B）の方がすんなりと理解でき、説得力がありませんか。短いフレーズを重ねた方がインパクトは強いのです。

この効果をうまく使って話すのがソフトバンクの孫さんです。インターネットなどでスピーチの動画を探してみてください。一文一文が非常に簡潔。長い文があっても、読点の後で間を置くことで、非常に聞き取りやすくなっています。

役柄を演じ分けられたら達人レベル

上級者になると、役柄に応じて声色を変える人もいます。

たとえば子ども時代に思ったことを言うときには、子どもの声で、やんちゃをしていた若いころの話なら、柄の悪い雰囲気で話すのです。

オリンピック金メダリストや経営者をコーチングした平本あきおさんをご存じでしょうか。日本のコーチング界のカリスマともいわれる方ですが、彼のセミナーに参加したときには本当に感銘を受けました。

1000人近く集まった受講生が一人残らず、その話に深く入り込んでしまっているのです。まるでヒット映画の観客のようです。

内容がすばらしいのはもちろんのこと、大阪の人、過去の悪かった自分などを演じ分けることで、まるで舞台でも見ているようなおもしろさがありました。変幻自在に役柄を演じ、声色を変える様子をみながら、カリスマのカリスマたる所以《ゆえん》を知ったように思います。

こうした達人の話を聞きに出かけてみるのは大変勉強になりますし、身近なところでは、テレビで見るお笑い芸人さんや落語家さんもいいお手本になります。

演劇もおすすめです。私もよく母や友人と出かけるのですが、たくさんの人々を引きつけ、ストーリーやセリフを理解してもらわなければならないという点は、セミナーや講演と同じですし、間の取り方の勉強にもなっています。

さて、これで講演編は終わりです。かなり細かいテクニックも紹介しました。言うのは簡単だけど、実行するとなると……というものもあったかもしれません。全部ができる必要はもちろんありませんから、できそうなものからトライしてみてください。

それと忘れてといけないのは、これらのテクニックの土台となるのは正しい呼吸法だということ。テクニックに走り、お腹からしっかり声を出すことを忘れることのないようにしましょう。

2. シチュエーション別編——「場」に合った声を考えよう

ビジネスパーソンたるもの、TPOに応じたふるまいができるのは当然のことです。声だって同じです。仕事はもちろんプライベートでも使える「場」に合わせた声の使い方を紹介していきます。

接客①　接客7大用語で差をつけよう

決まり文句をしっかり言えるだけで、声の印象は大きくアップするとお話ししましたが、特に接客業の場合はその傾向が強くなります。

接客の仕事で特に大事な7つのフレーズを磨いてみましょう。

【接客7大用語】

①いらっしゃいませ

その店の第一印象を決めるほど大事なセリフです。「来てくださってありがとう」という気持ちを込め、お客様の目を見て言いましょう。

2音目の「ら」をいい加減に発音するとだらしない感じがするので、しっかり「ら」を言うようにします。少し高めに言うのがコツです。

もちろん笑顔も欠かせません。口角が上がることで声が高くなり、明るい印象の声になるという効果もあります。

②お待たせいたしました

実際はほとんど待たせていなくても、この一言があるだけで、印象はずっとよくなります。

「お」の母音はこもりやすいので、のどを開けるようにしましょう。さわやかな声になります。

注意が必要なのは、本当にお客様を待たせてしまったとき。この場合はお詫びの言葉になりますから、「申し訳ありません」という気持ちをしっかり込めて頭を下げ、心もちゆっくりと丁寧に言うように心がけましょう。

③かしこまりました

「わかりました」よりも「かしこまりました」と言われる方が客としては気分がいいもの。特にブティックや高級レストランなどの店員さんは、何かを依頼されたときにはこの言葉がすぐ出るようにしましょう。

④少々お待ちください

何かを持ってきたり、準備したりと、お客様からのリクエストに応えるのに時間を要する場合には必ず言うようにしましょう。

ただ、店員側の都合あるいはミスでお客様を待たせる場合には「少々お待ちください」ではぞんざいな感じがします。代わりに「お待ちいただいてもよろしいでしょうか」「申し訳ございませんがお待ちいただけますか」と丁寧な表現に言い換えましょう。

そのときには「申し訳ない」という気持ちを込めること。こちらからお願いする意味を持つ文なので、語尾を切って言うと失礼な感じになります。語尾を少し伸ばすように柔らかい口調で言いましょう。

⑤申し訳ございません

「すいません」はカジュアルすぎてお詫びしている感じがまったくしません。必ず「申し訳ございません」と言います。

詳しくは第7章にありますが、中途半端な謝り方では相手の怒りを買ってしまいます。腹式の落ち着いた声で「申し訳ない」という気持ちを込めて言いましょう。語尾を飲み込むように言うのがコツです。

⑥恐れ入ります

主に2つの使い方があります。

ひとつは、たとえば料理を持っていったときに、お客さんが皿をよけてスペースをつくってくれたときの「恐れ入ります」。感謝を表す言葉ですから、「ありがとうございます」という気持ちを込めます。

もうひとつはお客さんに声をかけるとき。「恐れ入りますが、ご予約はなさいましたか」といった感じです。呼びかけの言葉なので、相手の聴覚に届かなければなりません。のどを開けて「お」を明るく出すように心がけましょう。

⑦ありがとうございます

「いらっしゃいませ」同様に、その店のイメージを決定づける重要な言葉です。

2音目の「り」をはっきり出し、高めに発音します。そしてもちろん気持ちを込めて。少し高めの声を出すことで相手の聴覚にしっかり届くようになります。

接客7大用語を言うときに共通していえるのは、文の頭で息を吐くことです。

そして「いらっしゃいませ」と「ありがとうございます」に関していえば、2音目を意識してはっきり、高めに言うこと。何度も練習して自然に口から出るようにしておくといいですよ。

接客②　価格と声の高さは反比例

高級ブティックの店員さんが「へい、いらっしゃいっ」と威勢よく出迎えたら困惑するものです。エレベーターガールの声で魚を売られても嫌ですね。

どんな仕事か、あるいはどんな店かによって、好ましい声というのは違います。具体的にみていきましょう。

①コールセンターのスタッフ

顔や表情が見えないお客さんと電話で話すのですから、声のトーンは高めで。

元気な声ではっきり発音し、聞き取りやすい声を心がけます。

②高級ブティック店員・不動産業者

上品で落ち着いた低めの声が雰囲気に合っています。ブティック店員の場合は語尾に少し余韻を残すようにすると品のよい感じがします。たとえば「いらっしゃいませ」ではなく「いらっしゃいませぇ」というイメージです。

③弁護士、税理士などの士業

堅い仕事の場合は、ちょっと低めで重厚感のある声が合っています。クライアントから信頼されやすくなります。

④ラーメン店や居酒屋、鮮魚店などの店員

威勢のいい声、活気のある声を心がけましょう。

東京・台東区のアメ横に行ったことがありますか。アメ横でなくても市場に行くと威勢のいい声が飛び交っていますね。

ざわざわしたところで自分の声を聞いてもらうには、高めのよく通る声を出す必要があります。

また、勢いのよさを出すには「いらっしゃいませっ」と、語尾に小さい「つ」を入れると効果的です。

接客業に関していえば、扱う商品やサービスの値段と適した声の高さは反比例の関係があるように思います。

みなさんの仕事ではどんな声がいいのでしょうか。一度職場で話し合ってみるのもいいと思います。

ざわざわした場所で話すとき

周りが騒がしいときには高めのよく響く声を心がけましょう。

意外とイライラするのが、居酒屋やパーティー会場などで話し相手の声が聞きとれないとき。もともと仲のよい相手なら「もっと大きい声で言って」とはっきり言うこともできますが、初めての相手ではそうはいきません。

「耳ダンボ」状態で頑張っているのにそれでも聞こえないと、もう知らない外国語と同じ。気を使ってそれなりにあいづちを打ったりしているとほとほと疲れてしまいます。

相手にそんな思いをさせないためにも聞きとりやすい高めの声を出すようにしましょう。腹式呼吸で鼻のあたりに声を響かせるイメージです。この声をミドルボイスというのですが、周りの話し声や音楽がうるさいときにもよく通ります。

注文をするときも便利ですよ。「すみませーん」と店内中に響くような声を出せば、店員さんはすぐに走ってきてくれます。

最近の居酒屋には手元に呼び出しボタンがあって、そういった声を出す必要もあまりなくなりました。便利は便利なのですが、ボイストレーナーとしては声を甘やかす環境が整っていくようで、ちょっと複雑だったりもします。

次につながる別れ際の声

別れ際の声も大事です。

第一印象が大切だと何度も繰り返しましたが、別れ際に相手にいい印象を与えておくこともとても大事です。なぜなら、そこが「次」につながるかどうかの分かれ道になることもあるからです。

終わりの印象がよければ、相手は帰り道に「また会ってみたいな」「あの提案考えてみようかな」と、次の展開を考えるようになります。

でももし終わりの印象がイマイチだったら？「さて、あの仕事はどうなったかな」とすぐに別のことに頭が切り替わってしまうのではないでしょうか。つまりビジネスチャンスにつながらないのです。

次につなげるには、別れ際のあいさつが重要。「あぁ、終わった」という気持ちでは、いい声は出ません。相手にいい気持ちで帰ってもらえるよう、笑顔と張りのある高めの声を心がけます。

もちろん「本日はありがとうございました」だけで終わってはダメですよ。「またよろしくお願いします」「またご連絡します」など次につながる言葉で締めましょう。

ＴＰＯに合わせた声について考えてきました。場の雰囲気が読めても、それに合う声を出すのはなかなか大変なもの。欲張らず、自分に大事な場面に必要なテクニックから始めてみましょう。

第9章

3つのテクニックで即効上達！ ビジネスカラオケ必勝法

お酒が飲めないのに夜の接待も辛いですが、それ以上に大変なのは歌が苦手なのにカラオケに行くことではないでしょうか。「自分は音痴だから」「歌がへただから」と言ってカラオケのお付き合いを避ける方に、私はいつもこう言います。

「病気でなければ音痴はいない！」

きちんとコツさえつかめば、1時間で歌は劇的にうまく聞こえるようになります。この章はカラオケ編。歌ウマに近づけるための即効テクニックや裏技を紹介していきましょう。

ある男性の悩み

私が主宰するビジネスボイストレーニングスクール「ビジヴォ」では話すときの声のトレーニングのほかに、カラオケのレッスンも行っています。

コース名は「カラオケ1曲集中マスター」！　1曲だけ？　そんな声も聞こえて

きそうですが、それには理由があります。

「とにかく1曲」。それが多くのカラオケが苦手なビジネスパーソンたちの願いであり、その1曲ができることがそうした人たちにとってとても大きな自信になることを知っているからです。1曲マスターできれば、次々と応用が利いて歌がうまくなるのです。

たとえばある30代の男性がとても暗い表情でこんな相談をしてきたことがあります。


「とにかく人前で歌うことが苦痛です。音痴だからです。自分が歌っているときに周りが無理に応援しようとするのも辛いです。でも営業の仕事をしているので、お客さんに誘われて宴席で歌わざるを得なくなります」

「せっかく商談がまとまっても、その後にカラオケに行くことで、自分の歌の下手さ加減にがっかりし、それをみんなに聞かれたことに落ち込み、とにかく真っ暗な気持ちになってしまうのです」

切羽詰まって、私のスクールに来たとのことでした。

「とにかく1曲歌えるようになりましょう」

そう声をかけ、レッスンを始めて2カ月。4回のレッスンでサザンオールスターズの「TSUNAMI」を歌えるようになった男性は本当にうれしそうにこう言いました。

「もう怖いものはありません。歌が苦手なことで、これまでは仕事にも自分にも自信が持てなかったんですが、いまは霧が晴れたようにすっきりした気持ちです。仕事に全力投球できそうです」

歌える人には「たかがカラオケ」かもしれません。でも歌が苦手な人にとってその劣等感は想像以上に大きいもの。だからこそ私はその1曲が歌えるようになる手助けをしていきたいのです。

音痴はいない！

テクニックを紹介する前に、どうしても言っておきたいことがあります。

それは「音痴はいない」ということです。

音痴だと思っているとしたら、それは、音程の取り方や発声方法、自分の音域や歌いやすいリズムに合った曲選びが間違っているだけ。それを改善すれば必ず歌えるようになるのです。

「思い込み音痴」が生まれる要因には、たとえば音楽や歌に触れている時間がほかの人に比べて少なすぎる、幼少期に家族や友達に「歌がヘタ」あるいは「音痴」と言われ、それが心のトラウマになってしまったというものもあります。そもそも、ピアノやバイオリンなどはプロの講師から教わり、練習して上達していくものですが、歌に関してはプロの講師に習う人はほとんどいません。

つまり歌が歌えるようになるには、まずは「自分は音痴ではない」「習えばうまくなる」「練習すれば歌えるはず」と前向きに考えることが大事なのです。

腹式呼吸ができるだけで歌は6割うまくなる

声のトレーニングのところで散々言ってきたことではありますが、歌を歌うにも腹式呼吸は基本中の基本です。

腹式呼吸で歌うことができた時点で、歌ウマの要素の6割はクリアしたと考えていいでしょう。

腹式呼吸を指導するときに、私はよくシンガポールの名物マーライオンのことを話します。マーライオンはタービンで下の水を上に引き上げています。お腹から一直線に水を吐き出すように口から水を出している感じが、腹式呼吸のイメージとぴったり一致するのです。みなさんも頭に浮かべて声を出してみるといいですよ。

「歌がうまくなる」ということは、正しい声の出し方を繰り返し体に覚えさせるということでもあります。46ページの図をもう一度確認し、声が出る仕組みも復習しておきましょう。

うまく聞こえる曲、そうでない曲

どんな曲を選ぶのかも大事なポイントです。

もちろん好きな歌が歌えればそれが一番いいのですが、自分の弱点がわかっているなら、それをカバーしてくれるような曲選びをすることで歌ウマに近づきやすくなります。

少し服選びと似ています。お腹だったり、脚だったり、コンプレックスに感じているところをうまく隠してくれる服を選ぶのと同じようなものです。

弱点別に曲選びのポイントとおすすめ曲を紹介しておくので参考にしてみてく

ださい。

①リズムがなかなかとれない、音域が狭い人向け

現在の流行歌はあまりおすすめできません。特に00年代以降はリズムや転調も複雑化してきています。バックのバンドが充実してきているために、楽曲のメロディーが際立つよう音を少し高めに作曲するようになっているそうです。

「リズムがとれない」という人にはゆっくりした曲が向いています。

「音程がうまくとれない」という人は小刻みに音程が変わる曲、言葉が多い曲は避けた方が安全でしょう。

80〜90年代のアイドル歌手が歌っていたような楽曲は音域が狭く、リズムが単調で、声量もそんなに必要としないものが多いので無難です。

・「クリスマスイブ」（山下達郎）

クリスマスシーズンになると聞きたくなる冬の定番ソング。耳なじみのある曲は、やはり歌いやすいものです。

テンポが一定で、リズムのカウントが簡単。音域もそれほど広くなく最大で飛んでも5度（5音）分くらいなので音を外しにくい曲といっていいでしょう。

情感を込めて熱唱するというより、淡々と歌う感じの曲です。オーバーに強弱をつける必要がないのも初心者にはうってつけだと思います。

・「亜麻色の髪の乙女」（島谷ひとみ）

速い曲が苦手な人にはピッタリです。こちらも音程も最大で5度（5音）分くらいしか飛ばないので、音が外れにくいでしょう。

曲全体が、順次進行（音階のとおりに隣の音にメロディーが進行）するので、音階練習をして音がきちんととれるようになれば、簡単に歌えるようになります。

・「これが私の生きる道」（ＰＵＦＦＹ）
曲全体が単調な雰囲気で、強弱や感情を込めるような表現を必要としないので、高度なテクニックを使う必要性がありません。

音域の差があまりなく、音域も狭いので初心者にはおすすめです。

・「負けないで」（ＺＡＲＤ）
メロディーが簡単で転調が少なく、リズムのとりやすい曲です。

とても有名な曲なので、多くの人が耳慣れているのではないでしょうか。リズムが一定でテンポ感もあって乗りやすく、歌詞がはっきり聞こえるのも特徴です。

・「アメイジング・グレイス（Amazing Grace）」
「洋楽で格好よく歌ってみたい！」という人におすすめの入門曲です。ゆっくりしたリズムで、同じメロディーが多様な形で繰り返されるので、非常に覚えやすく歌いやすい曲です。

私が指導している子どもさんたちの中には、3歳でこの曲を歌えるようになった子もいます。

②音程をとるのが苦手な人向け

音程をとるのが苦手な人はバラードのようなしっとりしたタイプの曲は避けた方が無難。曲がゆっくりすぎて一つひとつの音がはっきりしてしまい、音程が外れたときに目立ってしまうからです。

スピード感があり、全体的にあまり音程の変化のない曲を選びましょう。

・「キスしてほしい」(THE BLUE HEARTS)

狭い音域で同じ言葉を繰り返すアップテンポな曲なので、ノリだけでもなんとかなります。

・「世界に一つだけの花」（SMAP）
サビの部分が順次進行（音階のとおりに隣の音にメロディーが進行）しており、非常に歌いやすくつくられています。高音や特に声量を必要とするところも多くないので歌いやすいはずです。

聞きまくれば歌えるようになる

曲が決まったらどんどん聞きましょう。

全体を聞くのもいいですが、①短いフレーズに区切って聞く、②それを真似して歌う——を地道に何度も何度も繰り返していくことで、確実に歌への苦手意識を克服できるようになります。

私も実際に幼少期から、たくさんの音楽家の演奏や歌を何度も何度も聞き、その曲を頭にインプットするという方法で歌やピアノを上達させてきました。これこそ必要不可欠な練習だと確信しています。

マイクのテクニック

歌ウマに聞かせるためには、マイクのテクニックも知っておきましょう。

マイクは一方向からの音しか拾いません。ですからマイクの先を常に自分の口の方に向ける必要があります。

声が小さい人や発声法がいまいちという人はマイクが床と平行になるように持つようにしましょう。マイクが声を拾いやすくなります。マイクの頭とお尻が水平になるイメージです。

声のボリュームをコントロールしてみたい、あるいはよりダイナミックに強弱をつけたい、メリハリをつけたいというときには、マイクと口の距離を調節してみましょう。

大きく歌いたいときや出しにくい低音のときにはマイクを口に近づけ、小さく歌いたいときにはマイクを離すのです。なんとも単純な方法ですが、意外に効果は大きいですよ。

なお、発声がよく、サビなどで大きく声を響かせることができる人は、マイクを離す方がいいケースもあります。

エコーやガイドボーカルはどう使う？

カラオケボックスの音響機器ではエコーやガイドボーカルなどを入れることができます。苦手な歌をうまく演出するために、こうした音響効果も利用しましょう。

①エコー

声量がない人や、発声法がきちんとできていない人は、エコーをかけることで自分の声を伸びやかに聞かせることができます。エコーで音が響いている間に早めの息継ぎをして歌うこともできますから、声が持ちます。エコー効果で音がぼやけることも音程のズレをごまかすのに効果的です。

ただし練習の段階では、エコーは控えめにしましょう。本当の自分の歌声がわからなくなり、上達しにくいからです。練習では自分の生の歌声を自分の耳でしっかり把握しておく必要があります。

発声法がよくできていて、歌唱力がある人は、逆にエコーを控えめにすることをおすすめします。エコーがかかりすぎると、細かいニュアンスや言葉の輪郭、強弱などがぼやけ、メロディーや感情表現が伝わりにくくなり、聞き手の感動が薄れてしまいます。

②ガイドボーカル

「どうしても音程がとれない」「出だしの音からつかめない」という人は最初からガイドボーカル設定をしておきましょう。ガイドボーカルは、旋律のメロディーが小さい音で入るものです。その音に合わせて歌うことで音やリズムが外れにくくなり、歌いやすくなります。

特に練習のときには積極的に使い、リズムや音程のチェックをしましょう。正しい高さで歌っていればガイドボーカルと声が重なって聞こえます。重なって聞こえていないところは音を外したり間違えたりしているということです。

誰でも歌ウマになれる即効テクニック

ボイススクールでは、正しい姿勢の確認や呼吸法から入って、音域を広げるトレーニング、音を外さないコツ、リズムトレーニングなど、症状に合わせてさまざまなトレーニングを重ねていくのですが、自分でも簡単にできるテクニックを3つに絞って紹介しましょう。

1 単語の頭で息を吐く──テロップが教えてくれる息吐きポイント

この本ではもう何度も出てきましたが、歌を歌うときにも「単語の頭で息を吐く」というテクニックは役立ちます。話すためのテクニックでは、腹式呼吸になりやすく、通りやすい声になる、あるいは早口を防げるといった効果があるとお話ししましたが、歌の場合では声の響きがよくなり、リズムがとりやすくなるという効果があります。

ここで大事な役目を果たしてくれるのがカラオケの画面に映し出されるテロップ。ここに息を吐くポイントのヒントが隠れて（出て？）いるのです。

テロップは、たいてい1フレーズごとに歌詞が出され、曲の進行に合わせてその文字に色がついていくようになっています。

ここで、多くの人がやってしまうのはその文字をただひたすら追いかけながら歌うということ。

この歌い方では「木を見て森を見ない」状態。いままさに歌っている音にしか注意がいかず、フレーズをまとまりとしてとらえられなくなります。

結果どうなるかというと「棒読み」ならぬ「棒歌い」状態に陥ってしまうというわけです。次のような感じです。

わ た し の 愛 し た　あ な た に

だ い じ な　き も ち を　は な し た の

音程は合うのかもしれませんが、これでは感情がこもらず、つまらない歌い方に聞こえてしまいますね。

そこで、カラオケのテロップの特徴をうまく利用します。
テロップは、スペースを使うことで、歌詞を文節ごとに分けて書かれています。
その各文節の頭（単語の頭）で息を吐けばいいのです。

わたしの　**愛**した　**あ**なたに
だいじな　**き**もちを　**は**なしたの

単語の頭を強調するだけで言葉が立ち、プロっぽく聞こえます。
単語の頭で息を吐く練習については、61ページに例文があるので、参考にしてみてください。

2 高音フレーズの必殺技—1音1音息を吐く

一方、高音フレーズでは単語の頭ではなく1音1音で息を吐くようにします。曲というのは、AメロとBメロとサビからなっています。Aメロは歌いだしの部分、Bメロはちょっと曲の調子が変わって、サビにつなぐ部分のことをいいます。

サビはみなさんご存じの通り、一番盛り上がる部分。そしてモーツァルトやバッハの時代から作曲家は決まって曲の盛り上がりを高い音、大きな音にするものなのです。

単語の頭で息を吐くという方法をさきほど紹介しましたが、それが使えるのはほとんどの場合AメロとBメロです。高音や声量を必要とするサビ部分では、ふつうの1・5倍の息の量が必要になりますから、単語の頭で息を吐くくらいでは、息がすぐに足りなくなってしまうというわけです。

そこでサビの高音部分では、単語の頭ではなく、1音1音で息を吐きます。1音1音吐くことで、呼吸の量が多くなり、高音が出やすくなります。

ちなみに「これ以上は出しにくい」という音程はだいたい決まっています。ピアノの鍵盤の真ん中の「ド」を基準として、男性は「ソ」、女性は「ラかシ」あたりです。

「高音きたー」「サビきたー」と思ったら、1音1音作戦に転換しましょう。

3 息切れしないブレス法―カンニングブレスとヒキガエルブレスを覚える

次はブレスのテクニック。

気持ちよく歌いたいのに、1つのフレーズが長すぎて途中で息切れしてしまうということはありませんか。そんなときに役立つ簡単な方法が、カンニングブレスとヒキガエルブレスです。

①カンニングブレス

カンニングブレスはAメロとBメロで使うブレスです。これは、私が命名したものなのですが、「カンニング」つまり、こそっと息を吸うということなのです。長い言葉や音、ゆっくりしたテンポの曲を歌っているとサビでなくても息が足りなくなることがあります。

そのときには、周りに気づかれないくらいの短いタイミングで息を吸って歌い続けます。これをカンニングブレスといいます。

コツは、全部息を使い切る前、肺に息が残っているうちに、少しだけ息を吸うことです。試しに鼻で「すっ」と軽く息を吸ってみてください。息を吐き切った状態だと、息を大量に吸い込まなければならなくなり、カンニングブレスにはなりません。

必要最小限の量だけ補充するイメージを持ちましょう。カラオケのテロップというのは、本当によくできていて、カンニングブレスの場所はこのテロップが示

してくれています。
上の図のように、テロップの文字の切れ目（空白）が、カンニングブレスをするポイント。この部分で息を吸います。

②ヒキガエルボイス
サビの高音部分ではヒキガエルブレスを使います（これも私が命名しました）。

ヒキガエルブレスとは、ヒキガエルのように思い切り息を吸う方法です。

サビの高音部分では1音1音息を吐くと言いましたが、そのためには腹式呼吸で取り入れた息を大量に使います。吐いた分だけたくさんの息を吸い込むことが必要なのです。

感覚をつかむには、まず、自分のお腹を触ります。そして声が出なくなるまで「あ――」と言い続けてみましょう。そして息を吐ききったところで一気に「スッッ!」と息を吸い込みます。すると、プクッとお腹が急激に膨らみ、まるでヒキガエルのお腹のようになります。息は無理に吸い込まず、体をゆるめて行うと、自然に空気がお腹に入っていく感じがわかります。

どうでしたか。最初は難しく感じるものもあるかもしれませんが、何度も練習してコツをつかみましょう。

歌を歌うことは本来楽しいものです。それだけにそれがコンプレックスになって自分に自信がなくなるというのは残念なこと。

1曲だけでいいのです。もしかしたら時間が結構かかる人もいるかもしれません。ちょっと苦労する人もいるかもしれません。それでもいつかは必ず「自分の持ち歌」ができるはずです。少しずつでも努力を続けてほしいと思います。

「声ケア」はビジネスパーソン必須の時代に

最後にどうしてもお伝えしたいのが、声のケアの重要性です。どんなに練習をしても、「いざ本番」というときに声がガラガラでは意味はありません。また、間違った方法で声を酷使することで声帯そのものを痛めることにもなってしまいます。

これはカラオケだけの話ではなく、ビジネスにおいても同じこと。大事な商談やプレゼンのときにいい声が出なければ、第一印象でライバルたちに大きく出遅れてしまいます。セミナー講師など、大勢の人の前で話すことを生業にする人にとっては死活問題といっても過言ではありません。

これからのビジネスパーソンにとっていつも声をベストの状態に保つこと、つまり声ケアは必須の時代になると私は考えています。身なりを整えるようにいつも声も整えておくようにしたいものです。

それでは具体的なケア方法をみていきましょう。ポイントとなるのは保湿と保温です。

・手洗いとうがいを徹底する

声ケアの基本中の基本。のどが痛い、のどがイガイガするといったトラブルは風邪から起きることがほとんどです。家でも会社でも外から戻ったら手洗いとうがいを忘れずに！

・湯気が出る温かい飲み物を飲む

のどの乾燥を防ぐためには、湯気の出る飲み物を飲むように心がけましょう。

湯気で口腔部分全体を湿らせてくれるからです。

・首を冷やさない

のどの痛みやのど風邪を防ぐためには、首を冷やさないことが大切。寒い季節はマフラーやタートルネック、ネックウォーマーなどは必携です。夏でも冷房の利いた部屋にいるときは気をつけましょう。

プロのアーティストには、寝るときにも首がしまらない程度に布を巻いている人が多いそうです。私もタオルを緩く巻いて寝ることがよくあります。

・マスクを持ち歩く

感染予防だけでなく、口の中をいつも潤しておくためにもマスクはとても有効です。

私は寝るときにいつも加湿器をつけるようにしていますが、出張先のホテルに宿泊する際など、加湿器がない場合には必ずマスクをして寝るようにしています。

出張が多いビジネスパーソンが気をつけたいのは飛行機の機内の乾燥対策。機内は乾燥していてのどを壊しやすい環境です。積極的にマスクを使用するようにしましょう。

・部屋を乾燥させない

加湿器などを使って部屋を乾燥させないようにしましょう。ホテルの部屋が乾燥しているときなどは、風呂場のシャワーを数分出して、部屋全体に湿気が行きわたるようにするのも手です（やりすぎはホテルの迷惑になるので気をつけましょう）。

濡らしたタオルを部屋に干しておくだけでも、部屋の湿度を上げることができます。

・咳払いの癖は直す

咳は声帯に大きな負担をかけます。咳払いの癖がある人はすぐにやめる努力をしましょう。のどがイガイガする人はトローチなどでのどを潤すのもよいでしょう。

ただし飴類には注意が必要です。口の中を潤すにはいいのですが、話す直前まで入れていると口の中がべたつき話しにくくなってしまいます。

・タバコは声の敵

いい声を出したいならタバコはすぐにやめるべきです。タバコを吸うと煙や熱でのどが痛みやすく、タンも出やすくなります。肺活量も減るといわれていますから、声量にも影響します。声そのものも老けた印象になりやすくなります。

・鼻呼吸を心がける

私がお世話になっている耳鼻咽喉科の先生に教えていただいたのですが、「鼻呼吸」を心がけることもとても大切とのこと。鼻呼吸が本来正しい呼吸法なのですが、最近は口呼吸をしてしまう人が増えているそうです。

鼻から吸った空気は、鼻の粘膜を通る、つまり湿り気のある息。それに比べて口呼吸は、乾燥した空気もそのまま口に入れてしまうので、のどをカラカラに乾燥させてしまいます。

・行きつけの耳鼻咽喉科をつくる

のどに少しでもトラブルがあるときは、私はすぐに耳鼻咽喉科に行くようにしています。のどの痛みはすぐに悪化します。早い段階で専門医に診察してもらうことで悪化を最小限に防ぐことができるからです。

行きつけの美容院があるように、行きつけの歯医者があるように、行きつけの耳鼻咽喉科を持ち、いつでも駆け込める自分の声の味方をつくっておくこと。これからのビジネスパーソンには必要なことではないでしょうか。


さて、この本の最後にもう一度念を押したいことがあります。

「声は必ず変えられる」ということです。

話すときの声はもちろん歌声も同じ。自分の今の声にしっかり向き合い、そして自分が目指す声をしっかりイメージできるようにしましょう。そして毎日少しでもいいので声のことを考えてあげるのです。

声はみなさんの一部です。その大事な声をしっかりいたわり、育ててあげる。そんな気持ちで自分の声に向き合えば、その声はきっとみなさんの期待に応えてくれるでしょう。そしてみなさんの仕事の大きな武器となってくれるはずです。

「声を変えるだけで仕事がうまくいく」

一人でも多くのみなさんがそれを体感してくれますように！

●著者プロフィール
秋竹朋子（あきたけ・ともこ）
日本初の「ビジネスパーソンのためのボイストレーニングスクール」ビジヴォ代表。東京音楽大学ピアノ演奏科コースを経て聖徳大学大学院音楽文化研究科修士課程卒。ウィーン留学、国内、国際コンクール多数受賞。TV番組にも多数出演。声や話し方、歌に悩むビジネスパーソンに向け、東京校を拠点に全国各地への企業研修や指導を３万以上行う。

ビジネスヴォイストレーニングスクール「ビジヴォ」
http://www.businessvoice.jp/

Ameba ブログ「声が変わると人生が変わる」
http://ameblo.jp/tomokoakitake/

●協力
金子恵妙

マイナビ新書

声を変えるだけで仕事がうまくいく

2015年8月31日　初版第1刷発行

著　者　秋竹朋子
発行者　中川信行
発行所　株式会社マイナビ
〒100-0003 東京都千代田区一ツ橋 1-1-1 パレスサイドビル
TEL 0480-38-6872（注文専用ダイヤル）
TEL 03-6267-4477（販売部）
TEL 03-6267-4483（編集部）
E-Mail pc-books@mynavi.jp（質問用）
URL http://book.mynavi.jp/

装幀　アピア・ツウ
イラスト　富 宗治
印刷・製本　図書印刷株式会社

　ISBN978-4-8399-5573-1

Printed in Japan